ポケット版

家庭料理クイズ

監修／**香川明夫**
（家庭料理技能検定会長）

編／家庭料理技能検定

JN103343

女子栄養大学出版部

　みなさんが健康的な生活を送るためには、毎日の食事がカギをにぎっています。食事は未来の自分をつくるためにも欠かすことはできません。そして、食事について正しく理解することは、自分自身のためだけでなく、家族の未来のためにもたいせつなことです。

　本書のクイズを解き進めると、食に関する幅広い知識が自然に身につくとともに、栄養バランスのよい食事を、安全に楽しく作ることができるようになります。また、食べたものが体の中でどのような働きをしているのかを理解する基礎づくりにも役立ちます。実際にどんな料理を作ろうかと考えるためには、食材のことも、道具のことも知りたくなりますね。加えて、日本の食文化やマナーを学ぶと、食事がますます楽しくなります。こうした“食を楽しむ”ための知識も、本書にはたくさん詰まっています。

　本書のクイズは、文部科学省後援事業「家庭料理技能検定」の問題をベースに作られました。本検定は、家庭料理の基礎を身につけたい、スキルアップをめざしたいという方なら、子どもから大人までだれでも受けられます。なかでも3級と2級は受験者数が多く（全5級）、3級は一般の高校生以上、2級はそれ以上のレベルを目安としています。本クイズは3級および2級に対応する内容となっていますので、受験する方の試験対策にもお役立ていただけます。

　ひとりでも多くの方に、食事について楽しく学んでいただきたいという願いをこめて本書を作りました。じょうずに活用して、日々の「食」をより楽しいものにしていただけたら幸いです。

家庭料理技能検定会長

香川 明夫

この本について

　本書は、クイズ編であるステップ1とステップ2、資料コーナーで構成されています。ステップ1は基礎知識が中心、ステップ2はステップ1をより掘り下げた内容となっています。クイズ編では、食に関する幅広い内容を、食生活と栄養と調理と衛生の大きく2つの分野に分けています（内容は下記参照）。

　資料コーナーには、クイズの解答・解説文の理解を深めるための資料をテーマ別に載せています。

食生活と栄養

日本の食の歴史、食のマナー、食材の旬、栄養素の知識、食品群の分類、四群点数法、栄養バランスのよい献立の立て方など

調理と衛生

さまざまな食品の特徴、調理による食品の変化、調理方法、調理器具の知識、調味のしかた（調味パーセント）、食中毒の原因と予防、食品表示など

★「家庭料理技能検定」を受ける方へ★

検定3級を受ける方はステップ1、検定2級を受ける方はステップ2を攻略しましょう。資料コーナーの資料は、すべてが出題範囲となります。検定について詳しく知りたい方は、下記HPをご参照ください。

▶ https://www.ryouken.jp

この本の使い方

1. クイズに挑戦！

見開きごとに、○×式の一問一答となっています。右ページの解答を赤シートで隠してクイズを解きましょう。

2. 答えをチェック！

○か×かを確認し、解説文を読んで理解を深めましょう（重要な言葉は赤字になっています）。

ステップ1 食生活と栄養

日本の食文化

Q 001 縄文時代には、すでにいのししなどの獣肉が食べられていた。

A ○ 縄文時代には、その他、野草や～た。

Q 002 縄文時代には、魚の干物が食べられていた。

A ○ 縄文時代には～ていた。貝塚～骨が見つか～

Q 003 稲作の伝来は、弥生時代である。

A ○ 弥生時代は稲～いた。

Q 004 室町時代には、刺し身が食べられていた。

A ○ 時代に～かまぼこなと～

Q 005 南蛮料理は、奈良時代に伝来した。

A × 南蛮料理は、～

Q 006 鶏を飼育するようになったのは、鎌倉時代である。

A × 牛・馬・鶏の～時代で～

Q 007 洋食が普及したのは、江戸時代である。

A × 洋食が普及し～

Q 008 和、洋、中のさまざまな食事は、明治時代に普及した。

A × 和、洋、中の～した昭和の～

季節の料理

Q 009 おせちの祝い料理には、それぞれの意味がある。

A ○ 料理し～家族そろって～

Q 010 ～の数のことは、商売繁盛の意味がある。

A × おせち料理の～

できなかった問題に ✔!

10

3. さらにレベルアップを！

解説文を赤シートで隠して、穴あき問題に挑戦！

➡ 家庭料理技能検定を受ける方は、赤シートで隠れた言葉を補って正しい文章にしてみましょう。検定の筆記試験では、赤字は重要な内容です。できなかった問題は、問題番号下のチェックボックスに ✔ をつけて、解けるまでくり返し解くようにしましょう。

うさぎ、鹿などの
類などが食べられ い

参照 ▶ 資料①-2

、漁猟、農耕が行われ
の他、さまざまな魚の

他、焼き畑も行われて

、ウナギのかば焼き、
べられていた。

代に伝来した。

うになったのは、

に　　時代である。

事は、食料輸入が増加

意味がある。　には
理を食べて新年を祝う。

の意味がある。

p.191 ～ 資料コーナーも参考に！

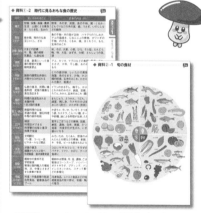

資料コーナーには、図表やイラストなどの資料が盛りだくさん！解説文に示された該当資料を参照し、理解を深めましょう。クイズを解く前に目を通しておくと答えが導きやすくなります♪

3級は検定３級、**2級**は検定２級に対応しています。

もくじ

資料コーナー …………………………………… 191

ステップ

1

さあ、クイズをはじめましょう！
ステップ1は全438問。
家庭料理にまつわる
幅広い知識が試されます。
息抜きに、資料コーナーにも立ち寄って
みてね！

検定
3級に
対応

ステップ1　食生活と栄養

日本の食文化

Q 001 縄文時代には、すでにいのししなどの獣肉が食べられていた。

Q 002 縄文時代には、魚の干物が食べられていた。

Q 003 稲作の伝来は、弥生時代である。

Q 004 室町時代には、刺し身が食べられていた。

Q 005 南蛮料理は、奈良時代に伝来した。

Q 006 鶏を飼育するようになったのは、鎌倉時代である。

Q 007 洋食が普及したのは、江戸時代である。

Q 008 和、洋、中のさまざまな食事は、明治時代に普及した。

季節の料理

Q 009 おせちの祝い料理には、それぞれの意味がある。

Q 010 おせち料理の数の子には、商売繁盛の意味がある。

縄文時代には、いのしし、うさぎ、鹿などの獣肉の他、野草や木の実、魚介類などが食べられていた。

参照 ▶資料 ①-2

縄文時代には、狩猟や採集、漁猟、農耕が行われていた。貝塚からは、貝類の他、さまざまな魚の骨が見つかっている。

弥生時代は稲作が広まった他、焼き畑も行われていた。

室町時代には、刺し身の他、ウナギのかば焼き、かまぼこなどの加工品も食べられていた。

南蛮料理は、安土・桃山時代に伝来した。

牛・馬・鶏の飼育をするようになったのは、古墳・飛鳥時代である。

洋食が普及したのは、おもに大正時代である。

和、洋、中のさまざまな食事は、食料輸入が増加した昭和の戦後に普及した。

おせち料理には、それぞれの意味がある。元日には家族そろって雑煮やおせち料理を食べて新年を祝う。

おせち料理の数の子には、子孫繁栄の意味がある。

Q 011 おせち料理の黒豆には、子孫繁栄の意味が込められている。

☐☐

Q 012 おせち料理の田作り（ごまめ）には、五穀豊穣（豊作）の願いが込められている。

☐☐

Q 013 なますは、おせち料理で祝い肴である。

☐☐

Q 014 田作り（ごまめ）は、祝い肴である。

☐☐

Q 015 いなりずしは、ひな祭りの行事食である。

☐☐

Q 016 ぼたもちは、春の彼岸の行事食である。

☐☐

Q 017 おはぎは、こどもの日の行事食である。

☐☐

Q 018 あずきがゆは、お盆に食べられる行事食である。

☐☐

Q 019 月見には、ハマグリの吸い物を食べる風習がある。

☐☐

Q 020 冬至には、かぼちゃの煮物を食べる風習がある。

☐☐

おせち料理の黒豆には、健康祈願の意味が込められている。

 「田作り」は、昔はいわしを田の肥料にしたことから、豊作を願い名付けられた。

 なますはおせち料理の一種ではあるが、祝い肴ではない。

 祝い肴とは祝膳の酒の肴のことであり、正月料理では、数の子、黒豆、田作り（関西ではたたきごぼう）のことを指す。

 ひな祭りの行事食には、ちらしずし、ハマグリの吸い物、ひなあられ、菱もちなどがある。

 彼岸とは、春分または秋分を中日とし、前後3日間を合わせた計7日間をいう。ぼたもちとおはぎは、同じあんころもちだが、春の彼岸にはぼたもち、秋の彼岸にはおはぎを食べる風習がある。

 こどもの日の行事食には、柏もちやちまきがある。

 お盆は先祖をまつる夏季の仏事。なすやきゅうりなど夏の収穫物を仏前に供える。あずきがゆは冬至。

 月見は、十五夜（9月下旬頃）、十三夜（10月中旬頃）の日に、栗や里芋などの秋の収穫物や月見団子を供える。ハマグリの吸い物は、ひな祭りの行事食。

 冬至は一年の中で最も太陽が出ている時間が短い日（12月）。寒さの中、健康に暮らすことへの願いなどから、かぼちゃの煮物やあずきがゆ、こんにゃくの白あえなどを食べる風習がある。

Q 021 □□ 野菜や魚などの一番収穫量が多い時期を、旬という。

Q 022 □□ ニシンの旬は春である。

Q 023 □□ ほうれん草の旬は春である。

Q 024 □□ サバの旬は春である。

Q 025 □□ 竹の子の旬は夏である。

Q 026 □□ イワシの旬は夏である。

Q 027 □□ アジの旬は夏である。

Q 028 □□ さやえんどうの旬は夏である。

Q 029 □□ 栗の旬は秋である。

Q 030 □□ しその旬は冬である。

Q 031 □□ サヨリの旬は冬である。

Q 032 □□ ブロッコリーの旬は冬である。

旬は、食材の栄養価が一番高いといわれている。健康の観点からも、その土地の自然に適した旬の食材を知り、季節に合わせた食生活をすることが大切である。 参照 ▶ 資料 ②-1

 春が旬の魚介類には、他に、サワラ、アサリなどがある。

 ほうれん草の旬は冬である。

 サバの旬は秋である。

 竹の子の旬は春である。

 イワシの旬は秋である。

 夏が旬の魚には、他に、アユやアナゴ、ハモなどがある。

 さやえんどうの旬は春である。

 秋が旬の食材には、他に、きのこ類やかぼちゃなどがある。

 しその旬は夏である。さっぱりした味が暑い夏に好まれ、そうめんの薬味などに使う。

 サヨリの旬は春である。

 冬が旬の食材には、他に、ほうれん草、里芋、にんじん、カリフラワーなどの野菜、魚介類では、ブリやアンコウ、カキなどがある。

盛りつけと配膳の基本

Q033 □□ 里芋などつるっとした料理を食べるときは、「刺し箸」をしてもマナー違反にはならない。

Q034 □□ 箸を置くときは、茶わんの上に渡すように置くのがマナーである。

Q035 □□ 箸を宙に浮かせて、料理の上で何を食べるかあれこれ迷うことを「迷い箸」という。

Q036 □□ 箸を使って、器に盛った料理の下のほうから食べたいものを探るようにしてとることを「寄せ箸」という。

Q037 □□ 箸を使って、料理の入った器を自分のほうに引き寄せることを「渡し箸」という。

Q038 □□ 茶わんを持つときは、へりに親指をかけ、糸底を4本の指で支える。

Q039 □□ 洋風料理を食べるときは、ナイフを左手、フォークを右手に持つ。

Q040 □□ ベトナムでは、おもにナイフ・フォーク・スプーンを使って食事をする。

Q041 □□ 東南アジアは、おもに箸食である。

16

里芋などつるっとした料理を食べるときでも、「刺し箸」をしてはいけない。「刺し箸」とは、フォークのように料理に箸を刺すことであり、好ましくない箸使いである。　参照▶資料③-1

 箸を置くときは、箸置きに置くのがマナーである。茶わんの上に箸を置くのは「渡し箸」といい、好ましくない箸使いである。

 「迷い箸」は、好ましくない箸使いである。

 器に盛った料理の下のほうから、食べたいものを箸で探るようにしてとることを「探り箸」といい、好ましくない箸使いである。

 料理の入った器を、箸を使って自分のほうに引き寄せることを「寄せ箸」という。「寄せ箸」は好ましくない箸使いである。

 日本の食事マナーは、室町から江戸時代の武士の礼儀作法として始まり、明治以降、全国に広まった。　参照▶資料③-2

 洋風料理を食べるときは、ナイフを右手、フォークを左手に持つ。

 ベトナムはおもに箸で食事をする「箸食」である。日本の他、中国、朝鮮半島、台湾なども箸食である。食べ物の性質により食具が異なり、手で食事をとる地域もある。

 東南アジア、中近東はおもに手で食事をする手食である。

Q 042 □□ 食事をともにする人が不快にならないことがマナーである。

Q 043 □□ 日本の食事では、食器を手に持つことが多い。

Q 044 □□ 小鉢や平鉢には、男性用と女性用がある。

Q 045 □□ 木製の器は、熱伝導率が高い。

Q 046 □□ 焼き物には、陶器、磁器、炻器（せっき）がある。

Q 047 □□ 陶器の原料は石である。

Q 048 □□ 陶器には吸水性はない。

Q 049 □□ 陶器の食器は、料理を盛りつける前に水につけるとよい。

Q 050 □□ 磁器の原料は石である。

Q 051 □□ 炻器の原料は粘土である。

Q 052 □□ 信楽焼きの産地は岡山県である。

食事マナーは国や地域の歴史や文化を背景にしているため、それらを知り、共有していくことが大切である。

 日本料理に用いる食器は、手で持てる大きさと重さが基本であるが、料理の内容や季節、食事の目的によって食器や食具を使い分ける。

 小鉢や平鉢には男性用と女性用はない。飯わんや汁わん、塗り箸、湯飲みには男性用と女性用があり、サイズや文様が異なるものもある。

 木製の器は、熱伝導率が低い。

 日本の食器は、素材ごとの特徴を知り、料理により使い分けたり、扱い方、洗い方に注意する必要がある。

 陶器の原料は粘土である。

 陶器には吸水性がある。

 陶器には吸水性があるため、使用前に水につけると料理の色が食器に移りにくい。

 磁器は、石を高温で焼成した、透明性のある焼き物である。

 炻器は、粘土を原料とし、比較的高温で釉薬をかけずに焼く器である。吸水性はなく、焼き締めともいわれる。

 信楽焼きの産地は滋賀県である。岡山県は備前焼きの産地。信楽焼き、備前焼きともに炻器である。

Q 053 有田焼きの産地は佐賀県である。
☐☐

Q 054 九谷焼きの産地は山口県である。
☐☐

Q 055 漆器のわんは、熱い汁物の盛りつけには適さない。
☐☐

Q 056 漆器は傷がつきにくい。
☐☐

Q 057 漆器は高温に長時間さらすと変色する。
☐☐

Q 058 ごはんは茶わんに平らになるように盛る。
☐☐

Q 059 日本料理の主菜のつけ合わせは、左手前に盛りつける。
☐☐

Q 060 日本料理では、一尾魚は頭を左、腹を手前に盛る。
☐☐

Q 061 お浸しの上には、削りガツオなどの「吸い口」を盛る。
☐☐

Q 062 酢の物をこんもりと盛りつけることを「天盛り」という。
☐☐

Q 063 一汁三菜の形式は、本膳料理からきている。
☐☐

佐賀県の有田は、磁器の代表的な産地である。

九谷焼きの産地は石川県である。山口県は萩焼きの産地である。

漆器のわんは熱い汁物の盛りつけに適する。漆器は熱伝導率が低く、熱い汁物でもわんが熱くなりにくい。

漆器は傷がつきやすいため、スポンジで洗ったあと、やわらかい布で水けをふき取るなど、ていねいに扱う。なお、漆器は酸、アルカリ、塩、アルコールに強い。

漆器はおもに木製の素地に漆の樹液を塗って作られる。紫外線や高温に長くさらすと変色する。

ごはんは茶わんにこんもりと山型に盛る。

主菜では、料理は皿の中央に盛りつけ、つけ合わせは右手前に盛りつける。

日本料理の盛りつけ方は、料理の種類、主食・主菜・副菜かにより異なる。おもな料理の盛りつけ方の特徴とその用語を覚えておくとよい。　参照 ▶ 資料 ④-1

あえ物、酢の物、浸し物を盛りつけた一番上に少量置くものを「天盛り」という。「吸い口」は汁物の最後に盛る七味とうがらしなどのことを指す。

「天盛り」は、しょうがや削りガツオなど、酢の物やあえ物などの一番上に少量置くものをいう。

日本料理の一汁二菜や一汁三菜の献立形式は、本膳料理からきている。

Q 064 本膳料理の本膳は、左に飯茶わん、右に汁わんを配膳した。

Q 065 本膳料理は、茶会の席の料理である。

Q 066 洋食器のデザート皿は、パン皿よりサイズが小さい。

Q 067 ヨーロッパでは、用途によりナイフの種類を使い分ける。

Q 068 洋風料理の会食では、並んでいるナイフやフォークは、外側から順次使う。

Q 069 中国料理で用いられる箸の材質には、象牙・木製・竹製がある。

Q 070 中国料理で用いられる箸の長さは、日本の箸より短めである。

食事の計画と食材管理

Q 071 調理に時間がかかるものから調理する。

Q 072 調理の手順は、使用する加熱器具の順番を考えて決める。

本膳料理では、中央の本膳の配置（左に飯わん、右に汁わん、奥に主菜や副菜を置くこと）が現在の献立の基本として引き継がれている。　参照▶資料⑤

 本膳料理は武士の儀式料理として室町時代に完成し、その後、冠婚葬祭の正式な料理の形式として残った。茶会の席の料理は、懐石料理である。

 洋食器において、デザート皿はパン皿よりサイズが大きい。デザート皿には、デザートの他、オードブルやサラダを盛りつける。

 ヨーロッパでは、魚料理・肉料理とでナイフを使い分ける。

 洋風料理の会食では、ナイフとフォークは初めから必要なものが全部並べられていることが多い。食べ（使い）終わったら皿とともに下げられる。

 中国料理に箸が使われるようになったのは、紀元前からである。

 中国料理で用いられる箸の長さは、日本の箸より長めである。中国料理は、さめにくくするため大皿に盛りつけられ、大皿から料理を取りやすいように長めの箸が使われる。

 調理に時間がかかるもの、時間をおいたほうがいいものから調理する。（例）肉や魚の下味、ゼリーなどのデザート、煮物など。

 調理の手順は、加熱器具をどの順番で使うかを考えて決める。下ゆでなどはある程度まとめて行う。野菜の場合は同じ湯で、淡色野菜から緑黄色野菜、アクの強い野菜という順にゆでるとよい。

Q 073 □□ 冷ます、味をなじませるなど、時間をおいたほうがよい料理は、その時間も調理時間内に含める。

Q 074 □□ 野菜のあえ物やサラダは、味つけを済ませてから冷やしておく。

Q 075 □□ 食材を洗う、切るなど、同じ作業は一度に行うようにする。

Q 076 □□ 調理作業を優先し、洗い物は最後にまとめて行う。

Q 077 □□ 冷凍・冷蔵庫の冷蔵室の適温は、15℃以下である。

Q 078 □□ 冷凍・冷蔵庫のチルド室の適温は、−1〜2℃である。

Q 079 □□ 冷凍・冷蔵庫の野菜室の適温は、10℃である。

Q 080 □□ 冷凍・冷蔵庫の冷凍室の設定温度は−10℃以下である。

Q 081 □□ 冷蔵庫を使用する際、庫内には食品をはいるだけ入れたほうがよい。

Q 082 □□ 冷蔵庫を使用する際、ドアの開閉は少ないほうがよい。

Q 083 □□ 冷蔵庫を使用する際、温かい食品は、温かいまま入れて保存するとよい。

サラダを冷やす、煮物の味をなじませるなどの工程は、調理時間に含める。

野菜のあえ物やサラダの味つけは、食べる直前に行う。食塩によって野菜が脱水されたり、酢によって野菜が変色したりするためである。

同じ作業は一度に行うと作業効率がよい。（例）複数の野菜をまとめて洗う、切る、順番にゆでるなど。

使用した器具は片づけながら調理する。特に、肉や魚の処理に使った包丁や器具はすぐに洗浄する。

冷蔵室の適温は、10℃以下である。食品を安全に保管するには、食品に適した温度で保管する必要がある。

チルド室は、肉や魚などの鮮度を保つために、凍結直前の温度帯に設定されている。

野菜室の適温は、6～8℃であり、野菜が乾燥しないように工夫されている。

冷凍室の設定温度は−18℃以下である。

冷凍・冷蔵庫の庫内の適温を維持するためにも、冷蔵庫は詰めすぎないようにし、全体量の60～70%程度とする。

冷凍・冷蔵庫のドアの開閉が多いと、庫内の温度が上昇する。

温かい食品は、できるだけ速やかに室温までさまして（予冷）から冷蔵庫で保存する。

食事バランスガイド

Q 084 □□
食事バランスガイドは、1食で「何を」「どれだけ」食べたらよいかの目安を、コマのイラストで示したものである。

Q 085 □□
食事バランスガイドでは、1日に必要な水分の量を示している。

Q 086 □□
食事バランスガイドの料理区分は、主食、副菜、主菜、果物、菓子の5つである。

Q 087 □□
食事バランスガイドでは、料理を「1つ」「2つ」…と「つ（SV＝サービング）」で数える。

Q 088 □□
食事バランスガイドの料理区分は、コマの下から多くとりたい順に示されている。

Q 089 □□
食事バランスガイドのコマの回転は運動を表している。

栄養素の種類とその働き

Q 090 □□
成人の場合、BMI 18.5以上30以下の範囲を維持できるようなエネルギー摂取量がエネルギー必要量である。

食事バランスガイドは、1日に「何を」「どれだけ」食べたらよいかをコマのイラストで示している。

参照 ▶ 資料 ⑥

 食事バランスガイドでは、水・お茶をコマの軸に見立てて食事の中で欠かせない存在であることを示している。具体的な量は示されていない。

 食事バランスガイドの料理区分は、主食、副菜、主菜、牛乳・乳製品、果物の5つである。菓子はコマのヒモで表されている。

 食事バランスガイドで「1つ（SV）」とは、各料理の1回あたりの標準的な量を示しており、料理区分ごとに基準が設定されている。

 食事バランスガイドの料理区分は、コマの上から多くとりたい順に示されている。コマの上部から、十分な摂取が望まれる主食、副菜、主菜の順に並べ、牛乳・乳製品と果物については同程度と考え、並列に示している。

 食事バランスガイドのコマの回転は食事と運動のバランスの重要性も示している。食事のバランスが悪くなると倒れてしまうこと、回転（運動）することによって安定することも表している。

 成人（18〜49歳）の場合、BMI18.5以上24.9以下の範囲を維持できるようなエネルギー摂取量が、エネルギー必要量である。

Q 091 成人では、体重が維持されている場合、エネルギー摂取量とエネルギー消費量は等しい。

Q 092 性と年齢が同じ場合、エネルギー必要量に個人差はない。

Q 093 炭水化物1gから産生されるエネルギー量は、9kcalである。

Q 094 ミネラルは、体の中で熱や力のもとになる。

Q 095 ビタミンは、体を作る働きがある。

Q 096 炭水化物は、消化吸収されると、ブドウ糖となって血液中に現れる。

Q 097 炭水化物は、激しい運動のときに、筋肉の主要なエネルギー源として利用される。

Q 098 炭水化物は、エネルギーを産生する栄養素の中で摂取量が最も多い。

Q 099 砂糖に比べて、穀類に含まれる炭水化物の消化吸収は速い。

成人では、体重が維持されている場合、エネルギー摂取量とエネルギー消費量は等しく、その時のエネルギー摂取量がエネルギー必要量である。

 性と年齢が同じであっても、エネルギー必要量には個人差がある。エネルギー必要量は個人の活動量に応じて大きく変化する。

 炭水化物1gから産生されるエネルギー量は、4kcalである。エネルギーを産生する栄養素は、炭水化物、たんぱく質、脂質であり、1gあたりそれぞれ4、4、9kcalである。

 ミネラルは、体を作ったり、体の調子を整える働きがある。

 ビタミンは、体の調子を整える働きがある。

 穀類に多く含まれるでんぷん（炭水化物）は、消化吸収されるとブドウ糖となる。さらに、血液によって体中に供給される。

 激しい運動のときには、おもに炭水化物が筋肉で利用される。

 炭水化物の摂取量は、平均的な日本人では、1日200〜300g程度である。脂質の摂取量は40〜70g、たんぱく質の摂取量は60〜80gであり、炭水化物が最も多い。

 砂糖に比べて、穀類に含まれる炭水化物の消化吸収は遅い。穀類に含まれる炭水化物は多糖類、それに対して砂糖に含まれる炭水化物は二糖類である。多糖類は二糖類に比べて消化に時間がかかる。

Q 100 □□ 一般的に、日常的に摂取している炭水化物の多くは砂糖由来である。

Q 101 □□ 砂糖に含まれる炭水化物は、でんぷんである。

Q 102 □□ 脂質は体内に取り込まれると、すぐにエネルギーに変えられる。

Q 103 □□ 中性脂肪は、体内でホルモンに変化する。

Q 104 □□ 脂質は食事から1日200〜250g摂取している。

Q 105 □□ α-リノレン酸は体内で合成できる。

Q 106 □□ コレステロールは細胞の構成成分である。

Q 107 □□ リン脂質は細胞を作る成分である。

Q 108 □□ オレイン酸は飽和脂肪酸に含まれる。

Q 109 □□ リノール酸は植物油に多く含まれる。

Q 110 □□ 成人の場合、たんぱく質は1日60〜80g摂取している。

一般的に、日常的に摂取している炭水化物の多く は穀類由来である。一般的な食生活の場合、穀類 からの炭水化物摂取量は200 〜 300g程度、砂 糖からの炭水化物摂取量は10g程度である。

 砂糖に含まれる炭水化物は、ショ糖（スクロース） である。でんぷんは穀類に含まれる炭水化物である。

 脂質は体内に取り込まれたのち、貯蔵され、必要 なときにエネルギーに変えられる。

 中性脂肪は体内でエネルギーとして利用され、ホ ルモンには変化しない。体内でホルモンに変化す るのはコレステロールである。

 脂質は食事から1日40 〜 70g程度摂取している。 食事で摂取する脂質の大半は、中性脂肪である。

 α-リノレン酸は体内で合成できない。必須脂肪 酸（リノール酸やα-リノレン酸）は体内で合成さ れないため、食物からとる必要がある。

 コレステロールは細胞膜の原料となる。また、ホ ルモンや胆汁酸の原料となる。

 リン脂質、コレステロールは細胞膜を構成する成 分である。

 オレイン酸は不飽和脂肪酸に含まれる。オレイン 酸は二重結合が1つの一価不飽和脂肪酸である。

 リノール酸とα-リノレン酸は、おもに植物油に 多く含まれる。いずれも体内で合成することので きない必須脂肪酸である。

 摂取したたんぱく質は、消化によってアミノ酸に 分解され、吸収される。

Q111 たんぱく質を構成するアミノ酸は12種類である。
☐ ☐

Q112 必須アミノ酸は9種類である。
☐ ☐

Q113 たんぱく質は、植物性食品には含まれない。
☐ ☐

Q114 たんぱく質は、酵素成分としての働きはない。
☐ ☐

Q115 亜鉛が欠乏すると、味覚障害が起きる。
☐ ☐

Q116 カルシウムが欠乏すると、貧血になる。
☐ ☐

Q117 カリウムは、体内の水分に溶解している。
☐ ☐

Q118 ヨウ素は、赤血球の血色素に含まれる。
☐ ☐

Q119 ビタミンは、エネルギー源となる栄養素の一つである。
☐ ☐

Q120 葉酸は、ビタミンの一種である。
☐ ☐

たんぱく質を構成するアミノ酸は20種類である。たんぱく質を構成するアミノ酸のうち、体内で合成することができないアミノ酸を必須アミノ酸という。

必須アミノ酸は、必ず食物からとり入れなければならない。

たんぱく質は植物性食品にも含まれる。一般的に、動物性食品および大豆・大豆製品に含まれるたんぱく質は、必須アミノ酸をバランスよく豊富に含んでいるため、良質と考えられる。

たんぱく質は酵素成分としての働きを持つ。たんぱく質には、筋肉や血液、皮膚や血管などの体の構成成分、および酵素やホルモンなどの成分として、重要な役割がある。

亜鉛は、味蕾細胞の成分である。そのため亜鉛が欠乏すると味覚障害が起きる。　参照▶資料⑦

カルシウムは骨の主要なミネラルであり、欠乏すると骨粗鬆症になる。貧血は、鉄が欠乏することで起こる。

カリウムは、ナトリウムとともに体内の水分に多く含まれるミネラルである。

ヨウ素は、甲状腺ホルモンに含まれる。赤血球の血色素に含まれるのは、鉄である。

ビタミンは、エネルギーの代謝を調節する栄養素である。　参照▶資料⑧

葉酸は水にとける水溶性ビタミンである。体内では核酸やアミノ酸代謝を活性化する成分として働く。

Q121 ナイアシンは、ビタミンの一種である。
☐☐

Q122 ビタミンAが欠乏すると、皮下出血を起こす。
☐☐

Q123 ビタミンAは肝臓に蓄積されやすい。
☐☐

Q124 ビタミンAの欠乏症はくる病である。
☐☐

Q125 ビタミンDは、視力を維持する働きがある。
☐☐

Q126 ビタミンDは、脂溶性の性質を持つ。
☐☐

Q127 ビタミンEは、血液凝固に関与する。
☐☐

Q128 ビタミンB₁は、体内で糖質が燃焼しエネルギーになる際に必要である。
☐☐

Q129 ビタミンB₁が欠乏すると、神経機能に異常をきたす。
☐☐

Q130 ビタミンB₁は、体内で合成できる。
☐☐

Q131 ビタミンB₂の欠乏症は、脚気である。
☐☐

ナイアシンは、水溶性ビタミンに分類される。

 ビタミンAが欠乏すると、うす暗いところで細かい文字などが見えにくくなる夜盲症となる。その他、ビタミンAの欠乏により、眼球が乾燥したり、視力が低下することもある。皮下出血は、ビタミンCの欠乏症である。

 ビタミンAは油にとける脂溶性ビタミンであり、肝臓に蓄積されやすい。とりすぎると過剰症が生じる。

 ビタミンAの欠乏症は夜盲症である。くる病はビタミンDの欠乏症である。

 ビタミンDは、カルシウムの吸収をよくする働きがある。視力を維持する働きがあるのはビタミンAである。

 ビタミンDは、A、E、Kとともに脂溶性ビタミンの一種である。上記以外のビタミンは水溶性ビタミンである。

 ビタミンEは、体内過酸化の抑制に関与する。血液凝固に関与するのは、ビタミンKである。

 ビタミンB1は、糖質代謝において必須の成分である。

 ビタミンB1は糖質代謝に関与し、神経機能を調整する働きがある。

 ビタミンB1は、体内で合成できない。ビタミンの多くは体内で合成することはできない。

 ビタミンB2の欠乏症は口角炎である。脚気はビタミンB1の欠乏症である。

Q132 ビタミンCは、酸化を促進する働きがある。
☐☐

Q133 ビタミンCは、尿中に排泄されない。
☐☐

Q134 葉酸の欠乏症に、巨赤芽球性貧血がある。
☐☐

Q135 ビタミンCが欠乏すると、視力が低下する。
☐☐

Q136 食物繊維は、人の消化酵素で消化できる。
☐☐

Q137 食物繊維は、腸内の有害菌の働きをおさえて、腸内環境をよくする。
☐☐

Q138 食物繊維は、腸の運動を刺激し、便秘を招く。
☐☐

Q139 食物繊維は、炭水化物の腸管吸収をおさえる。
☐☐

食品群の区分

Q140 食品群をじょうずに組み合わせることで、栄養バランスのよい食事をととのえることが可能となる。
☐☐

Q141 わが国で利用されている代表的な食品群には、三色食品群、六つの基礎食品群、5つの食品群がある。
☐☐

ビタミンCは、抗酸化作用がある。

 ビタミンCは水溶性であるため、過剰な分は尿中に排泄される。

 葉酸は、欠乏すると巨赤芽球性貧血の他、胎児の神経管の発育不全、認知症などの発症リスクが高まる。

 ビタミンCが欠乏すると、皮下出血を起こす。ビタミンCはコラーゲンの生成に必須である。ビタミンCの欠乏によりコラーゲンが十分に生成されないと、血管が弱くなり皮下出血を起こす。

 食物繊維は、人の消化酵素で消化されない食品中の成分である。

 食物繊維は、腸での働きを介して、病気の予防や健康の増進に役立つ成分である。

 食物繊維は、腸の運動を刺激し、便秘を防ぐ。

 食物繊維は、炭水化物や脂質の腸管吸収をおさえ、肥満、糖尿病、動脈硬化などの生活習慣病を予防する。

 食品群は、食品中に含まれる栄養素が似ているものを集めて、いくつかのグループとしたものである。

 三色食品群、六つの基礎食品群、4つの食品群がわが国でおもに利用されている。 参照 ▶ 資料 ⑨

Q 142 三色食品群では、穀物は黄群に分類される。

□□

Q 143 三色食品群では、たんぱく質の供給源となる食品は緑群に分類される。

□□

Q 144 六つの基礎食品群では、牛乳は第1群に分類される。

□□

Q 145 六つの基礎食品群では、エネルギーの供給源となる油脂類は第4群に分類される。

□□

Q 146 4つの食品群の第2群には、力や体温となる食品が分類される。

□□

Q 147 4つの食品群の第1群には、栄養を完全にする食品が分類される。

□□

Q 148 4つの食品群の第3群は、ビタミンAの供給源である。

□□

Q 149 4つの食品群の第4群は、ビタミンCの供給源である。

□□

Q 150 4つの食品群では、卵は第1群に分類される。

□□

Q 151 4つの食品群では、豆・豆製品は第3群である。

□□

Q 152 4つの食品群では、魚介は第2群である。

□□

三色食品群では、黄群には力や体温となる炭水化物や脂質の供給源となる食品が分類される。

 たんぱく質の供給源となる食品は、赤群に分類される。緑群は体の調子をよくするビタミンやミネラルの供給源となる食品が分類される。

 牛乳は第2群に分類される。第2群は、無機質を多く含む食品群である。第1群は、魚や肉、卵など、たんぱく質の供給源となる食品群である。

 エネルギーの供給源となる油脂類は、第6群に分類される。第4群は、体の各機能を調節するビタミンCの供給源となる食品（淡色野菜や果物）が分類される。

 4つの食品群では、力や体温となる食品を第4群としている。第2群は血や肉を作る食品群である。

 第1群には、ビタミンC以外のあらゆる栄養素が含まれる食品が分類される。

 第1群、第2群、第3群は、ビタミンAの供給源である。

 ビタミンCの供給源となるのは第3群である。第4群は、炭水化物や脂質を多く含むエネルギー源となる食品群である。

 4つの食品群の第1群には、卵と乳・乳製品が分類される。

 豆・豆製品は、第2群である。第2群には、良質なたんぱく質を豊富に含む食品が分類される。

 魚介は、肉、豆・豆製品と同様、第2群である。

Q 153 4つの食品群では、芋は第4群である。
☐☐

Q 154 4つの食品群では、果物は第3群である。
☐☐

Q 155 4つの食品群では、こんにゃくは野菜に分類する。
☐☐

Q 156 4つの食品群では、海藻は野菜に分類する。
☐☐

Q 157 4つの食品群では、にがうりは緑黄色野菜に分類する。
☐☐

Q 158 4つの食品群では、果汁入り飲料は果物に分類する。
☐☐

四群点数法

Q 159 四群点数法では、80kcalを1点としている。
☐☐

Q 160 1点実用値とは、食品100kcalあたりの重量を覚えやすく、使いやすいように丸めた数値である。
☐☐

Q 161 ごはんは、ごはん茶わん軽く1杯（100g）を1点としている。
☐☐

Q 162 鶏卵1個（55g）を1点としている。
☐☐

Q 163 納豆小1パック（約40g）を1点としている。
☐☐

芋は第3群である。じゃが芋やさつま芋はビタミンCを含むため、野菜と同じ第3群に分類する。

 第3群は、ビタミン、ミネラル、食物繊維の供給源となる食品群である。第3群には、野菜、芋、果物が分類される。

 こんにゃくは芋の加工品であり、第3群の芋に分類する。

 4つの食品群では、きのこ類、海藻類は野菜に分類する。

 にがうりは、淡色野菜に分類する。

 果汁入り飲料は第4群に分類する。果汁入り飲料はエネルギー源となるため、第3群の果物ではなく、第4群に分類される。

 四群点数法では、食品のエネルギー80kcalを1点としてカウントする。　参照▶資料⑩-1

 四群点数法の1点実用値とは、食品80kcalあたりの重量を覚えやすく、使いやすいように丸めた数値である。

 ごはんの1点実用値は、茶わんに軽く1/2杯(50g)を1点としている。　参照▶資料⑩-4

 鶏卵の1点実用値は55gであり、ちょうどLサイズの卵1個分である。

 納豆の1点実用値は40gであり、ちょうど小パック1個分である。

Q164 □□ バナナ小1本を2点としている。

Q165 □□ 第1群〜第3群の中で合計6点摂取すればよい。

Q166 □□ 第1群では、乳・乳製品を2点、卵を1点とるのが望ましい。

Q167 □□ 1日あたり、卵は2個を目安に摂取する。

Q168 □□ 第2群は、肉2点、魚介と豆・豆製品で1点をとるのがよい。

Q169 □□ 四群点数法では、魚介・肉をたんぱく質含有量でABCの3つに分類している。

Q170 □□ 第3群は野菜、果物、芋をそれぞれ1点ずつとるのがよい。

Q171 □□ 野菜は100gを1点とする。

Q172 □□ 1日あたり、緑黄色野菜は350gを目安に摂取する。

Q173 □□ 食パン（6枚切り）1枚を1点とする。

四群点数法では、バナナ小1本（95g）を1点としている。

 四群点数法では、第1群〜第3群からそれぞれ3点ずつ、合計9点摂取する。

 カルシウム摂取量を満たすためにも、第1群の合計3点のうち2点は乳・乳製品で摂取することが推奨される。

 四群点数法では、卵は1日1個（1点）が基本である。

 第2群は、肉と魚介で2点、豆・豆製品で1点をとるのがよい。

 四群点数法では、魚介・肉をたんぱく質含有量でABCの3つに分類し、Aは、1点あたりたんぱく質含有量が14g以上、Bは1点あたりたんぱく質含有量が10g以上14g未満、Cは1点あたりたんぱく質含有量が10g未満としている。

 四群点数法では、第3群は野菜（きのこ、海藻を含む）、果物、芋をそれぞれ1点ずつとるのが望ましい。

 四群点数法では、野菜は350gを1点とする。350gの中に海藻やきのこを取り混ぜてよい。

 野菜は1日あたり350g（1点）とることとし、そのうち120g以上はβ-カロテンを多く含む緑黄色野菜とする。

 四群点数法では、食パン（6枚切り）1枚を2点とする。

料理1皿分の適量

Q174 一汁二菜とは、主食、主菜、汁物の組み合わせである。

Q175 一汁三菜とは、主食、主菜、副菜、副々菜、汁物の組み合わせである。

Q176 主食とは、たんぱく質源となる食品を用いた料理である。

Q177 主菜とは、魚や肉を主材料とする料理である。

Q178 茶わん1杯のごはんは、110 〜 150 g程度が適量である。

Q179 どんぶり1杯のごはんは、350 〜 400 g程度が適量である。

Q180 スパゲティ1皿分の目安量は、ゆでて70 〜 100 g程度である。

Q181 主菜1皿分に使用する食品の目安量は、魚の切り身なら、70 〜 100gである。

Q182 主菜1皿分に使用する食品の目安量は、しょうが焼きの豚肉の場合、30 〜 50gである。

一汁二菜とは、主食、主菜、副菜、汁物の組み合わせである。

 一汁三菜とは、おかず3つと汁物のことである。菜はおかず（副食）のことであり、主菜や副菜のことを指す。

 主食とは、おもにエネルギー源となる穀物を主材料とする料理である。たんぱく質が主体の食品を用いた料理は主菜である。

 主菜とは、魚や肉の他、卵、大豆製品など、たんぱく質が主体の食品を用いた料理である。献立の中でメインになるおかずである。

 ごはんの目安量は、茶わんのサイズによって1杯の飯重量が110 ～ 150g程度である。

参照 ▶ 資料 ⑪

 どんぶり1杯のごはんの目安は200 ～ 300g程度である。牛丼やカレーライスなど主食と主菜を兼ねる料理では、ごはんの量は通常の茶わん1杯より多くなる。

 1皿分の目安量として、スパゲティは乾めんで70 ～ 100g程度である。乾めんはゆでると重量が2 ～ 2.5倍程度になる。

 主菜1皿分の目安量は、魚の切り身では70 ～ 100 g である。骨つきの魚であれば、100 ～ 150 g が適量である。

 しょうが焼き1皿分の豚肉の目安量は、70 ～ 100gが適量である。

参照 ▶ 資料 ⑫

Q 183 主菜のつけ合わせ1皿分に使用する食品の目安量は、せん切りキャベツの場合、100〜150gである。

Q 184 副菜1皿分に使用する野菜の目安量は、いため物の場合、350g程度である。

Q 185 副菜1皿分に使用する野菜の目安量は、お浸しの青菜の場合、150g程度である。

Q 186 副菜1皿分に使用する野菜の目安量は、煮物のかぼちゃの場合、70〜100g程度である。

Q 187 みそ汁1杯分の豆腐の目安量は、100gが適量である。

Q 188 みそ汁1杯分の青菜の目安量は、10〜30gが適量である。

1日分の献立作成〜四群点数法を使って〜

Q 189 四群点数法を用いた献立作成では、1日の総点数を朝食、昼食、夕食、間食に等しくふり分ける。

Q 190 主菜の主材料は、夕食に多くふり分ける。

Q 191 主菜の料理は、朝、昼、夕食で調理法が重ならないようにする。

つけ合わせのせん切りキャベツは、1皿50～70gが適量である。つけ合わせの量は、主菜の量と味によって加減する。

 副菜1皿分の野菜の目安量は、いため物の場合、70～150g程度である。

 副菜1皿分の野菜の目安量は、お浸しやあえ物の場合、50～100g程度である。

 副菜1皿分の野菜の目安量は、煮物の場合、70～150gである。

 みそ汁1杯分の豆腐は、30～50gが適量である。

 汁の実に使われるほうれん草や春菊などの青菜は、1杯分10～30gが適量である。

 四群点数法を用いた献立作成では、まず1日の総点数を4つの食品群にふり分け、次に3回の食事に点数のふり分けを決める。間食をとる場合は、1日の総点数の10%を目安とする。

 四群点数法を用いた献立作成では、主菜の主材料は、偏りなく3回の食事にふり分ける。主菜の主材料は、第2群の魚介・肉、豆・豆製品、第1群の卵から選ぶ。

 四群点数法を用いて1日の献立を考える際、主菜の料理は、朝、昼、夕食で調理法や主材料が重ならないようにする。それにより、栄養の偏りが避けられる。

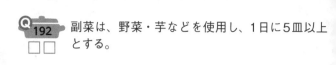
Q 192 □□ 副菜は、野菜・芋などを使用し、1日に5皿以上とする。

Q 193 □□ 献立は、汁物から先に決めるとよい。

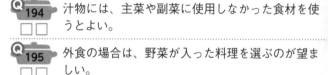
Q 194 □□ 汁物には、主菜や副菜に使用しなかった食材を使うとよい。

Q 195 □□ 外食の場合は、野菜が入った料理を選ぶのが望ましい。

四群点数法を用いて1日の献立を考える際、野菜は必要量の350 gとれているかをチェックし、不足するようであれば、それらの食材を利用した汁物やスープなどで補うとよい。

 四群点数法を用いて献立を立てる際、主食または主菜から先に決め、副菜→汁物→間食の順に考える。副菜は、主菜に使用した野菜（つけ合わせなど）や調理法、味つけも考慮して決めるとよい。

 四群点数法を用いて献立を立てる際、汁物の実は、主菜や副菜に使わなかった材料で考える。

 外食では、野菜の多い料理を選ぶ、小さくてもサラダなどを加えることで、食事のバランスがよくなる。

ステップ1 調理と衛生

食品の特徴と調理による変化

❖ 米類

Q 196 日本国内で生産される米の種類は、おもにインディカである。

Q 197 玄米から「もみ殻」を除くと精白米になる。

Q 198 米の胚乳部分は、ぬか層に比べてたんぱく質が多い。

Q 199 もち米は、うるち米よりも透明感のある米である。

Q 200 もち米のでんぷんは、アミロペクチン100%である。

Q 201 うるち米を炊くときの加水量は、米重量の2.2～2.3倍である。

Q 202 精白米の浸水時間の目安は、30分程度である。

Q 203 うるち米150gを炊くと、約500gの飯になる。

日本国内で生産される米の種類は、おもにジャポニカである。米は短粒種のジャポニカと長粒種のインディカに分けられる。

 玄米から「ぬか層」と「胚芽」を除くと精白米になる。

 米の胚乳部分は、ぬか層に比べて炭水化物が多い。ぬか層や胚芽部分には、たんぱく質、脂質、ビタミン類が多い。

 もち米と比べてうるち米のほうが透明感があり、半透明である。通常、飯として用いられるのはうるち米である。米の外観はでんぷんの種類と量によって違いがある。

 うるち米のでんぷんは、アミロペクチンを70〜80%、アミロースを20〜30%含む。アミロペクチンが多いほうが、粘りが強い。

 うるち米を炊くときの加水量は、米重量の1.3〜1.4倍（炊飯器の場合）である。炊き上がり倍率が2.2〜2.3倍となる。

 精白米の浸水時間の目安は通常30分であるが、寒い季節や胚芽精米の場合は60分程度である。なお、炊飯器の炊飯時間は、あらかじめ浸水時間が含まれる場合が多い。

 うるち米150gを炊くと、約340gの飯になる。おいしいとされる白飯の炊き上がりは、米重量の2.2〜2.3倍である。

Q204 もち米を蒸したときの仕上がりは、米重量の1.2〜1.5倍が好まれる。

Q205 もち米を蒸した料理をおこわという。

Q206 味つけ飯のちょうどよい塩分は、飯重量の0.6〜0.7%である。

Q207 味つけ飯では、調味料は浸水開始と同時に加える。

Q208 すし飯はやわらかめに飯を炊く。

Q209 すし飯の合わせ酢は、飯がさめてから合わせるほうが吸収されやすい。

Q210 米を油でいためてから炊いた料理をピラフという。

Q211 上新粉は、白玉粉よりも老化が遅い。

Q212 白玉粉は熱湯でこねる。

Q213 道明寺粉は、うるち米を加工した食材である。

もち米の仕上がりは、米重量の1.6～1.9倍が好まれる。おいしいとされる仕上がり倍率は、うるち米より低い。

おこわはこわ飯ともいい、赤飯、山菜おこわなどがある。

米重量では、1.3～1.5％の食塩相当量が目安である。

味つけ飯では、調味料は浸水後の加熱直前に加える。塩・しょうゆが米の吸水を阻害するためである。

すし飯はかために飯を炊くようにする。炊いたあとに加える合わせ酢の水分量が入るためである。

すし飯の合わせ酢は、飯が熱いうちに合わせるほうが吸収されやすい。飯がさめると合わせ酢が吸収されにくくなり、水っぽい飯になる。

ピラフは、米を油でいためてからブイヨンで炊き込む料理である。

上新粉は白玉粉より老化が早い。上新粉の原料はうるち米で、アミロペクチンとアミロースを含む。白玉粉の原料はもち米で、アミロペクチンが100％である。アミロペクチンの割合が多いと老化しにくい。老化とは、糊化されたでんぷんがさめ、かたくて消化しにくい状態になることである。

白玉粉は水でこねる。熱湯でこねると、部分的に糊化し、均一になりにくい。

道明寺粉は、もち米を加工した食材である。和菓子や揚げ物の衣に使われる。

Q214 □□ 強力粉・中力粉・薄力粉は、炭水化物の含量によって分類される。

Q215 □□ 強力粉はスポンジケーキに適している。

Q216 □□ 強力粉は天ぷらの衣に適している。

Q217 □□ 中力粉に50%重量の水を加えてこねると、ギョーザの皮の生地ができる。

Q218 □□ 中力粉はうどんに適している。

Q219 □□ 小麦粉のグルテンの形成をよくするには、氷水でこねるとよい。

Q220 □□ 小麦粉は、こねたあとねかせると、グルテンが形成しにくくなる。

Q221 □□ 小麦粉のグルテンの形成をよくするには、食塩を加えるとよい。

Q222 □□ スポンジケーキの生地は、イーストにより膨化する。

Q223 □□ シュー生地は、水蒸気圧により膨化する。

ステップ1

食生活と栄養

調理と衛生

ステップ2

食生活と栄養

調理と衛生

資料

 強力粉・中力粉・薄力粉は、たんぱく質の含量によって分類される。

 スポンジケーキには、薄力粉が適している。

 天ぷらの衣には薄力粉が適する。強力粉の調理性を利用した食品には、パンがある。

 小麦粉重量の50〜60%の液体を加えてこねた生地をドウという。ギョーザの皮には、おもに中力粉が用いられる。

 中力粉は、うどんの他、そうめん、ギョーザの皮に適している。

 小麦粉は30℃前後の水でこねると、グルテンが形成されやすい。グルテンは、小麦粉に含まれる2種類のたんぱく質がからみ合うことによってできる、たんぱく質のかたまりである。粘りや弾力がある。

 小麦粉は、こねたあと時間をおく（ねかせる）と、グルテンがよく形成される。

 食塩はグルテンの形成を促進する。うどんなど日本のめんはこの方法で作られる。

 スポンジケーキの生地がふくらむのは、生地中の卵白や全卵の気泡が熱によってふくらむことによる。パンや中華まんじゅうなどは、イーストの発酵で発生した炭酸ガスで生地をふくらませる。

 シュー生地の膨化は、生地中に発生する水蒸気圧により生地が押し上げられ、空洞ができることによる。

55

Q 224 芋類のビタミンCは、熱に比較的安定である。
☐☐

Q 225 じゃが芋は根が肥大したものである。
☐☐

Q 226 じゃが芋の芽には、毒性のソラニンが含まれる。
☐☐

Q 227 じゃが芋を丸ごとゆでるときは、熱湯に入れてゆでるとよい。
☐☐

Q 228 じゃが芋の新芋は、煮くずれしやすい。
☐☐

Q 229 じゃが芋は、ゆで湯に食塩を加えると、速くやわらかくなる。
☐☐

Q 230 マッシュポテトを作るときは、ゆでたじゃが芋をさましてからつぶす。
☐☐

Q 231 じゃが芋は牛乳で煮ると、やわらかくなりやすい。
☐☐

Q 232 さつま芋のきんとんは、皮を厚くむくと色がきれいに仕上がる。
☐☐

芋類のビタミンCは、加熱による損失が10〜20%程度である。

 じゃが芋は地下茎が肥大したものである。さつま芋は根が肥大したものである。

 じゃが芋の芽や皮の緑色の部分には、毒性のある成分（ソラニンなど）が含まれる。芽は深くえぐり取り、緑色の皮は厚めにむく。

 じゃが芋を丸ごとゆでるときは、水からゆでる。熱湯からゆでると外側と内側の加熱むらができやすい。

 じゃが芋の新芋は、煮くずれしにくい。成熟した芋、貯蔵した芋は煮くずれしやすい。

 ゆで湯に食塩を加えると、ペクチンがとけやすくなり、速くやわらかくなる。

 マッシュポテトを作るときは、ゆでたじゃが芋を熱いうちにつぶす。さめると細胞が分離しにくく裏ごしするのに力が必要となる。無理に力を加えると細胞が壊れてでんぷんが流出し、粘りが出てくる。

 じゃが芋は牛乳で煮ると、牛乳のカルシウムイオンの影響でやわらかくなりにくい。ゆでてやわらかくなってから、牛乳を加えるとよい。

 さつま芋の切り口から出る乳白色の粘液をヤラピンといい、空気に触れると黒く褐変する。ヤラピンは皮の近くに多いため、色を重視する料理は皮を厚くむき、褐変を防ぐ。

ステップ1 食生活と栄養 ｜ 調理と衛生

ステップ2 食生活と栄養 ｜ 調理と衛生

資料

Q233 □□ さつま芋は電子レンジで加熱すると、蒸し器で蒸すより甘みが強くなる。

Q234 □□ さつま芋の褐変を防ぐためには、切ったあと水にさらす。

✦ 豆類

Q235 □□ 古い大豆は、新しい大豆よりやわらかくなりにくい。

Q236 □□ 乾物の大豆は、水につけたあとすぐ加熱する。

Q237 □□ 豆の甘煮を作るときは、最初に砂糖を一度に加える。

Q238 □□ 黒豆は大豆の一種である。

Q239 □□ 豆腐は、豆乳をでんぷんで凝固させたものである。

Q240 □□ 豆腐は、長く加熱するとすがたつ。

Q241 □□ もめん豆腐は、絹ごし豆腐よりくずれやすい。

Q242 □□ 油揚げは、油抜きをすると味がしみ込みにくくなる。

Q243 □□ 油揚げは、おからをかためて、揚げたものである。

さつま芋は電子レンジで加熱すると、蒸し器で蒸すより甘みが弱くなる。電子レンジの短時間加熱では、甘さを強める酵素の働きが失われるためである。

 野菜や果物には、切り口が空気中の酸素に触れると褐色になる（褐変する）ものがある。さつま芋やじゃが芋は、切ったあと水につけて褐変を防ぐ。

 収穫してから貯蔵期間の長い古い豆は、新しい豆よりやわらかくなりにくい。

 乾物の大豆は、3～5時間浸水をしてから加熱する。

 豆の甘煮を作る際は、豆が十分やわらかくなった後、数回に分けて砂糖を加える。一度に砂糖を加えると豆がかたくなる。

 黒豆は、黒大豆の別名である。

 豆腐は、豆乳ににがりなどの凝固剤を加えて凝固させたものである。

 豆腐は、沸騰状態で長く加熱するとかたくしまってすがたち、口当たりが悪くなる。

 もめん豆腐は、絹ごし豆腐よりも水分が少なく、くずれにくい。

 油揚げは、表面の油が調味料をはじくので、油抜きをすると味がしみ込みやすくなる。

 油揚げは、豆腐を薄く切り、揚げたものである。

Q244 凍り豆腐は、豆腐を凍らせたあと、乾燥させたものである。

Q245 がんもどきは、豆腐に野菜などを加えて丸め、揚げたものである。

Q246 ゆばは、絹ごし豆腐を薄く切り、乾燥させたものである。

Q247 豆類の中で、あずきにはたんぱく質が多い。

❖ 野菜類・果物類

Q248 サラダのドレッシングは、食べる30分ほど前にかける。

Q249 せん切りキャベツは、水につけるとパリッとする。

Q250 ほうれん草は、重量と同量の湯量でゆでる。

Q251 ほうれん草をゆでたあとは、水にとらずにさます。

Q252 ほうれん草は、ゆで湯の5%程度の塩を加えてゆでる。

凍り豆腐は乾物であり、料理の前に湯でもどしてから使う。乾物のまま直接煮汁で煮ることのできる製品もある。

 豆腐を加熱した製品には、表面を焼いた焼き豆腐、薄い豆腐を揚げた油揚げ、厚い豆腐を揚げた厚揚げなどもある。

 ゆばは、豆乳を加熱して、表面の膜をすくい取ったものである。

 豆類の中で、あずきにはでんぷんが多く含まれるが、たんぱく質は少ない。でんぷんを多く含むあずきやいんげん豆は、和菓子のあん等に向く。たんぱく質を多く含むのは大豆である。

 サラダのドレッシングは食べる直前にかける。早い段階で味をつけると、野菜が脱水されてしんなりとし、水っぽくなる。

 せん切りキャベツは、長く水につけすぎると、栄養素も味も水に出てしまうので注意する。

 ほうれん草は、重量の5〜8倍の湯量でゆでる。湯量が多いと温度の低下が少なく、色鮮やかにゆでることができる。

 ほうれん草をゆでたあとは、水にとってさます。水にとることでアクが抜け、色もきれいに仕上がる。

 ほうれん草は、ゆで湯の0.5%程度の塩を加えてゆでる。ゆで湯に塩を加えると軟化効果により、アクが抜けやすくなる。

Q 253 ほうれん草は、ふたをしてゆでる。
□□

Q 254 白菜は、重量の15倍の湯量でゆでる。
□□

Q 255 淡色野菜をゆでたあとは、水にとらずにさます。
□□

Q 256 れんこんをゆでるとき、湯に酢を入れると白く仕上がる。
□□

Q 257 なすの紫色の色素は、クロロフィルによる。
□□

Q 258 トマトの赤色の色素は、クロロフィルによる。
□□

Q 259 にんじんのオレンジ（橙色）の色素は、カロテノイドによる。
□□

Q 260 にんじんのオレンジ色は、いためると黄色に変化する。
□□

Q 261 さつま芋の皮の紫色の色素は、カロテノイドによる。
□□

Q 262 小松菜の緑色の色素は、フラボノイドによる。
□□

Q 263 玉ねぎの白色の色素は、フラボノイドによる。
□□

ほうれん草は、ふたをせずにゆでる。ふたをすると有機酸が揮発しにくく、ゆで湯のpHが低下し、野菜の緑色が悪くなる。

 白菜は、重量の3～4倍の湯量でゆでる。白菜はアクが少ないので、比較的少量の湯でよい。

 淡色野菜はアクも少なく、嗜好が低下するような退色もないため、水にとらなくてもよい。急冷したい場合は水を利用することもあるが、水を利用しないことで、野菜特有の甘味などが保持できる。

 れんこんやカリフラワーなどは、ゆでるときに湯の2～3%の酢を加えると、白く仕上がる。

 なすの紫色の色素は、アントシアニンによる。赤かぶや紫キャベツも同じ色素であり、pHによって色が変化する。

 トマトの赤色の色素は、カロテノイドによる。

 にんじんの他、トマト、かぼちゃの色素もカロテノイドである。

 にんじんのオレンジ色は、いためても変化しない。カロテノイドは、熱に比較的安定である。

 さつま芋の皮の紫色の色素は、アントシアニンによる。

 小松菜の緑色の色素は、クロロフィルによる。クロロフィルは、熱や酸に弱い性質がある。

 フラボノイドは、野菜の白色の部分に含まれる。酸で白色、アルカリで黄色に変化する性質がある。

Q264 紫キャベツは、酢に漬けると青色に変化する。

□□

Q265 きゅうりの緑色は、長時間甘酢につけると黄褐色に変化する。

□□

Q266 野菜は繊維に沿ったせん切りにすると、やわらかい食感になる。

□□

Q267 大根は繊維を短く断ち切るように切ると、短時間の加熱でやわらかくなる。

□□

Q268 果物のペクチンは、ジャムのゼリー化に必要な成分である。

□□

Q269 果物には、カリウムが多く含まれている。

□□

Q270 キウイには、脂質分解酵素が含まれている。

□□

Q271 果物に含まれる果糖は、冷やすと甘味を弱く感じる。

□□

Q272 缶詰のパイナップルには、肉をやわらかくする酵素が含まれている。

□□

❖ きのこ類・海藻類

Q273 生のきのこは約70%が水分である。

□□

紫キャベツは酢に漬けると赤紫色になる。色素成分であるアントシアニンは酸で赤紫色、アルカリで青色に変化する。

 きゅうりの緑色の色素であるクロロフィルは、酸や長時間加熱で黄褐色に変色する。

 野菜は繊維に沿ったせん切りにすると、歯ごたえが残る。やわらかくするなら繊維に直角に切る。

 大根は繊維を短く断ち切るように切ると、歯ごたえがなくなり、短時間の加熱でやわらかくなる。みそ汁などやわらかく煮る場合に適している。

 果物に含まれるペクチンは、水溶性食物繊維であり、ジャムやマーマレードなどのゼリー化に必要な成分である。

 果物には、カリウム、ビタミンA、C、ペクチンなどの食物繊維、プロテアーゼ（たんぱく質を分解する酵素）が含まれる。

 キウイには、たんぱく質分解酵素が含まれている。

 果物の果糖は、冷やすと甘味を強く感じる。

 生のパイナップルにはたんぱく質分解酵素が含まれるため、肉を漬ける調味液に生果を用いると肉がやわらかく仕上がる。しかし、缶詰のパイナップルは酵素が失活しているため、肉をやわらかくする効果はない。

 生のきのこは約90％が水分である。野菜同様、水分が非常に多い。

Q 274 干ししいたけは熱湯でもどす。

☐☐

Q 275 肉厚の干ししいたけを「冬菇」という。

☐☐

Q 276 まいたけには、脂質を分解する酵素がある。

☐☐

Q 277 海藻は、食物繊維を多く含む。

☐☐

Q 278 生の海藻は、長期保存できる。

☐☐

Q 279 こんぶには、うま味成分のイノシン酸が多く含まれる。

☐☐

⁺⁺ 魚介類

Q 280 魚類は、産卵前に脂質含量が多くなる。

☐☐

Q 281 魚には、飽和脂肪酸が多く含まれている。

☐☐

Q 282 魚に含まれる脂質には、DHA（ドコサヘキサエン酸）が多い。

☐☐

干ししいたけは水でもどす。熱湯を用いると均一にもどりにくく、うま味も少なくなる。干ししいたけのうま味成分には、酵素作用が関与するため、水でもどして加熱したほうがおいしくなる。

 干ししいたけには、肉厚な「冬菇」と、かさが開いた「香信」がある。

 まいたけには、たんぱく質分解酵素が含まれる。そのため、生のまま茶わん蒸しに入れると、加熱しても卵液がかたまらない。

 海藻は、食物繊維、ビタミン、無機質が豊富である。

 生の海藻は、長期保存できない。生の海藻は腐敗しやすいので、乾燥品や塩蔵品として市販されているものが多い。

 こんぶのうま味成分は、グルタミン酸である。イノシン酸は、カツオ節などに含まれるうま味成分である。

 魚の脂質含量は、産卵前に多くなる。産卵前の脂質含量の多い時期を「旬」という。

 魚には、不飽和脂肪酸が多く含まれており、血中コレステロールの低下作用がある。

 魚の脂質に多く含まれるDHA（ドコサヘキサエン酸）、EPA（エイコサペンタエン酸、IPAともいう）は、血液の凝固をおさえ、心筋梗塞や脳梗塞の原因となる血栓を作りにくくする作用もある。

Q283 □□ 青背の魚には、DHA（ドコサヘキサエン酸）が少ない。

Q284 □□ イカ・タコ類には、脂質が多く含まれている。

Q285 □□ マグロの筋肉の色は、大部分がヘモグロビンである。

Q286 □□ マグロは、加熱すると身がやわらかくなる。

Q287 □□ 生のタイは、生のカツオより肉質がやわらかい。

Q288 □□ 生の魚に塩をふると、身がしまる。

Q289 □□ 魚に塩をふったあと、出てきた水分はふき取らずに調理する。

Q290 □□ 焼き魚は、魚の焼き始めは弱火にする。

Q291 □□ 魚のムニエルは、盛りつけるときに表になるほうをあとに焼く。

Q292 □□ 煮魚は、煮汁を煮立ててから魚を入れる。

青背の魚にはDHA（ドコサヘキサエン酸）が多く含まれる。特に、ブリ、サバ、イワシ、アジなどに多い。

 イカ・タコ類には、脂質が少ない。

 マグロの筋肉の色は、大部分がミオグロビンである。魚は筋肉の色が魚種により異なり、赤身魚に含まれる色素はおもにミオグロビンである。ミオグロビンは、加熱すると退色（灰褐色）する。

 マグロやカツオなどの赤身の魚は、生では身がやわらかく、加熱すると身がかたくしまる。

 生のタイは、生のカツオより肉質がかたい。タイやタラなど、生の白身の魚は身がかたく、加熱するとほぐれやすい。

 生の魚は、塩（切り身は0.5〜1％、一尾魚は2〜3％）をして5〜30分おくと身がしまる。

 魚に塩をふったあと、出てきた水分はふき取ってから調理する。魚に塩をふってしばらくおくと、水分とともに生臭いにおい成分が引き出される。

 魚の焼き始めは強火にする。焼き始めは強火で素早く表面を焼きかため、そのあと火力を弱めて中まで火を通す。

 魚のムニエルは、盛りつけるとき表になるほうを先に焼く。肉や魚は先に焼いた面にきれいな焼き色がつき、仕上がりがよい。

 煮汁を煮立ててから魚を入れると、うま味が流失しにくい。

Q 293 魚を煮るときは、落としぶたをする。
□□

✣ 肉類

Q 294 牛肉の脂肪がとける温度は、30 ～ 32℃である。
□□

Q 295 鶏肉の脂肪がとける温度は、牛肉の脂肪より低い。
□□

Q 296 牛肉のヒレは、ステーキに適している。
□□

Q 297 牛肉のすねは、ステーキに適している。
□□

Q 298 豚肉のヒレは、煮込みに適している。
□□

Q 299 豚肉のバラは、カツレツに適している。
□□

Q 300 鶏肉のささ身は、煮込み料理に適している。
□□

Q 301 ヒレ肉やロース肉は長時間煮ることでやわらかくなる。
□□

魚を煮るときに落としぶたをすると、煮汁が全体に行きわたり、均一に味がつく。

 牛肉の脂肪がとける温度は、豚肉や鶏肉の脂肪より高く、40〜45℃である。さめると口どけが悪いので、ステーキなどは熱いうちに食べる。

 鶏肉の脂肪がとける温度は、30〜32℃である。豚脂、鶏脂は牛脂よりもとける温度が低いので、さめても口どけがよく、冷製料理にも使われる。

 ヒレは脂肪が少なく淡泊な味わいで、ステーキやカツレツに向く。肉は部位によりさまざまな特徴があるため、料理に適した部位を選択するとよい。

 すね肉は長時間煮込むとやわらかくなるため、シチューなどの煮込み料理に適している。すね肉には、コラーゲンが多く含まれ、短時間加熱ではかたくしまるが長く煮込むとコラーゲンがゼラチン化して、肉がやわらかくなる。

 豚のヒレやロースは、ローストやカツレツ、しょうが焼きなどに適している。

 豚肉のバラは、煮込み料理、ひき肉料理、いため物に適している。

 鶏肉のささ身は、蒸し物などに適している。

 ヒレ肉やロース肉にはコラーゲンが少ないので、長時間加熱してもやわらかくならない。やわらかくするには、生のパイナップルといっしょに調理する、酒やワインに漬けるなどの方法がある。

Q302 薄切り肉は、強火で短時間の加熱が適している。
□□

Q303 ステーキ用の肉は、筋切りをすると焼きむらができやすい。
□□

Q304 肉をみそにつけると、保水性が低下する。
□□

❖ 卵類・牛乳・乳製品

Q305 半熟卵を作るには、沸騰後3分加熱する。
□□

Q306 かたゆで卵を作るには、沸騰後7分加熱する。
□□

Q307 卵を70℃で20 ～ 30分保温すると、温泉卵ができる。
□□

Q308 卵の卵白が完全にかたまる温度は65℃である。
□□

Q309 冷蔵庫から出したての冷たい卵をゆでると、割れやすい。
□□

Q310 卵の卵黄が中央になるようにゆでるには、沸騰まで卵を動かさないようにする。
□□

Q311 卵をゆでたあと、湯につけておくと卵黄の表面が暗緑色になりにくい。
□□

薄切りの肉は、強めの火で短時間で加熱する。長時間加熱すると、肉汁の流出や過度のたんぱく質変性によりかたくなり、ジューシーさが失われる。

 ステーキ用の肉は、筋切りをすると焼いても肉がそらないため、焼きむらが防げる。

 みそに含まれる食塩の影響で、肉をみそにつけると肉の保水性が高まる。つけ込む時間の長さにより、保水性やかたさは影響を受ける。

 卵は水からゆで、沸騰後3分加熱すると半熟となる。

 かたゆで卵を作るには、沸騰後10分加熱する。7分ではまだ半熟の部分がある。

 温泉卵は、卵黄も卵白も半熟の状態である。加熱時の湯温は70℃に保ち、沸騰させないようにする。

 完全にかたまる温度は、卵白は80℃、卵黄は75～80℃である。65℃は卵黄がかたまり始める温度である。

 卵は常温にして水からゆでると割れにくい。

 卵黄が中央になるようにゆでるには、沸騰まで（卵白がかたまる前まで）なべの中で静かに転がす。

 卵をゆでたあと、すぐに水に取り冷やすと、卵黄の表面が暗緑色になりにくい。長時間加熱や余熱により、卵黄の表面が暗緑色になり、硫黄臭くなる。

Q 312 卵白は、攪拌（かくはん）すると泡立つ。

☐ ☐

Q 313 メレンゲは、卵の希釈性をいかした調理である。

☐ ☐

Q 314 カスタードプディングは、卵の起泡性をいかした料理である。

☐ ☐

Q 315 アイスクリームは、卵の乳化性をいかした調理である。

☐ ☐

Q 316 卵黄中のカロテノイドが油と水を乳化させる。

☐ ☐

Q 317 茶わん蒸しの卵の希釈に用いるだし汁は、卵重量の1～1.5倍が適している。

☐ ☐

Q 318 牛乳は70℃以上に加熱すると、特有の加熱臭が生じる。

☐ ☐

Q 319 牛乳で野菜を長時間加熱すると、口当たりが悪くなる。

☐ ☐

Q 320 焼き菓子に牛乳を入れると、焼き色がつきにくくなる。

☐ ☐

卵白を攪拌すると泡立つ性質を、起泡性という。卵白は、40℃に温めると速く泡立つが安定性は悪い。砂糖を加えると、泡立ちにくいが泡が安定する。油があると、泡立ちにくく安定性も悪い。

 卵はだしや牛乳でうすめて調理することができる。こうした卵の希釈性をいかした料理には、カスタードプディングや茶わん蒸しがある。

 卵の起泡性をいかした料理は、メレンゲやスポンジケーキ、マシュマロなど。カスタードプディングは希釈性と凝固性をいかした調理である。

 乳化性とは、油と水を攪拌することにより、油を油滴にして水の中に分散させる性質である。マヨネーズやアイスクリームの調理にいかされる。

 卵黄中のレシチンが油と水を乳化させる。レシチンは卵黄に含まれるリン脂質である。カロテノイドは脂溶性の色素である。

 茶わん蒸しの卵の希釈に用いるだし汁は、卵重量の3～4倍が適している。

 牛乳は、温度が高くなると泡立つ性質もある。

 牛乳は、野菜などの有機酸を含む食材といっしょに長時間加熱すると、たんぱく質が凝固して口当たりが悪くなる。

 焼き菓子に牛乳を入れると、牛乳に含まれる糖やアミノ酸の影響で焼き色がつきやすくなる。

Q321 脂肪含量の高い生クリームは、泡立てるときに分離しにくい。
☐☐

❖ その他の食品

Q322 寒天のゼリーは口の中でとける。
☐☐

Q323 寒天は水を沸騰させてから煮とかす。
☐☐

Q324 寒天のゼリーは離水しにくい。
☐☐

Q325 ゼラチンは50℃の湯でとける。
☐☐

Q326 ゼラチンゼリーは口の中でとけない。
☐☐

Q327 ゼラチンゼリーは2色(層)のゼリーを作りにくい。
☐☐

Q328 煎茶をいれるときの湯温は、50℃が適温である。
☐☐

Q329 紅茶をいれるときの湯温は、100℃が適温である。
☐☐

Q330 ウーロン茶をいれるときの湯温は、80℃が適温である。
☐☐

脂肪含量が高い生クリームは、泡立てるときに分離しやすい。またクリームの温度が高くなると分離しやすくなるため、氷水などで冷やしながら泡立てるとよい。

 寒天のゼリーがとける温度は90℃前後のため、口の中や室温ではとけない。

 寒天は液体にとける温度（溶解温度）が85〜100℃であるため、十分溶解させるためには沸騰するような高温で加熱する。

 寒天のゼリーは離水しやすい。寒天のゼリーは時間がたつと水分が分離（離水）してくる。濃度が低いほど、また保存温度が高いほど離水量は多い。

 ゼラチンの溶解温度は40〜50℃。原料は骨、牛皮、豚皮などで、おもな成分はコラーゲンである。

 ゼラチンゼリーがとける温度は約20〜35℃のため、口の中や室温でとける。

 ゼラチンゼリーは粘着性があるため、2色（2層）のゼリーが作りやすい。寒天では作りにくい。

 煎茶をいれる湯温は、80℃が適温である。ほうじ茶は95〜100℃、玉露は50〜60℃がよい。

 紅茶をいれる湯温は、100℃が適温である。浸出時間は2〜3分が目安である。

 ウーロン茶をいれる湯温は、95〜100℃が適温である。

調理方法の特徴

Q331 「揚げる」は、湿式加熱の調理法である。

☐☐

Q332 魚の干物は弱火で焼く。

☐☐

Q333 チャーハンに入れる卵は、弱火でいためる。

☐☐

Q334 こんぶや野菜に多く含まれるうま味成分は、グルタミン酸である。

☐☐

Q335 干ししいたけには、コハク酸といううま味成分が含まれる。

☐☐

Q336 カツオ節でだしをとるときは、なべにふたをしない。

☐☐

Q337 こんぶでだしをとるときは、水量の2％のこんぶを用いる。

☐☐

Q338 煮干しでだしをとるときは、強火で加熱する。

☐☐

Q339 カツオ節とこんぶの混合だしをとる場合、カツオ節は水から入れる。

☐☐

Q340 煮干しとこんぶの混合だしをとる場合、煮干しは沸騰直後に入れる。

☐☐

Q341 中華だしは、鶏がらにしょうがやねぎなどを加えてとる。

☐☐

「揚げる」は、乾式加熱の調理法である。湿式加熱は水（蒸気も含む）を使う方法である。

 魚の干物は水分が少なく焦げやすいので、弱火で焼く。

 チャーハンに入れる卵は、強火で短時間でいためる。弱火でいためるとフライパンに付着しやすく、油っぽい仕上がりになる。

 食材に含まれるおもなうま味成分としては、こんぶや野菜はグルタミン酸、カツオ節や煮干しはイノシン酸がある。

 干ししいたけには、グアニル酸といううま味成分が含まれる。コハク酸は貝に含まれる。

 カツオ節や煮干しでだしをとる際、ふたをすると生臭みがこもるため、ふたはしない。

 こんぶでだしをとるときは、水量の1%のこんぶを用いる。

 煮干しでだしをとるときは、中火で加熱する。

 カツオ節とこんぶの混合だしをとる場合、カツオ節は沸騰してから入れる。こんぶは水から入れる。

 煮干しとこんぶの混合だしをとる場合、煮干しとこんぶは水から入れる。こんぶは沸騰直前に取り出し、煮干しは沸騰後6分程度弱火で加熱してから濾す。

 中華だしは、鶏がら、しょうが、ねぎなどを1時間程度煮込んでうま味を抽出させたもの。

調理器具の特徴

Q342 牛刀は片刃である。

☐☐

Q343 出刃包丁は刃の厚みが薄い。

☐☐

Q344 刺身包丁（柳刃包丁）は片刃である。

☐☐

Q345 ステンレスの包丁はさびやすい。

☐☐

Q346 にんじんの輪切りをするときは、包丁の中央から刃元を使う。

☐☐

Q347 芋の芽を除くときは、包丁の刃先を使う。

☐☐

Q348 玉ねぎのみじん切りをする際は、最初に包丁のあごを使って切り込みを入れる。

☐☐

Q349 電子レンジは、食品中の水分子の運動によって食品を発熱させる。

☐☐

Q350 電子レンジ加熱は、栄養素の損失が大きい。

☐☐

包丁には両刃と片刃があり、牛刀は両刃である。両刃は、刃の断面の両側がほぼ同一角度のものである。牛刀は洋風の包丁で、野菜・肉・魚などいろいろな食材に使える万能包丁である。

 出刃包丁は片刃で厚みがあり、重い。魚をおろしたり、かたい骨などを切るのに向く。片刃は、刃の断面の片面がほぼ平面で、もう片面が凸面のものである。

 刺身包丁は片刃で刃渡りが長い。やわらかい魚の身を1回で切り分けることができる。

 ステンレスの包丁はさびにくい。一方、鋼の包丁はさびやすい。

 輪切りは、包丁の中央から刃元までを使い、前にスライドさせるように切る。

 芋の芽を除くときは、包丁のあごを使う。

 玉ねぎのみじん切りをする際は、最初に包丁の刃先を使って切り込みを入れる。包丁は使い方を誤ると危険なので、適切な使い方を知ることが大切である。

参照 ▶ 資料 ⑭

 電子レンジは食品自体が発熱する加熱法であり、短時間で調理ができる。機種によって出力（W）数が異なる。

 電子レンジ加熱は、栄養素の損失が小さい。

Q 351 電子レンジによる解凍は、解凍むらが起こりやすい。

Q 352 電子レンジは、食品の量に関係なく短時間で加熱ができる。

Q 353 電磁調理器加熱は熱効率がよい。

Q 354 電磁調理器は、スイッチを入れるとトッププレート下のコイルが発熱する。

Q 355 圧力なべの水分の沸点は90℃である。

Q 356 ほうろうなべは、電磁調理器で使うことができる。

Q 357 冷凍野菜は緩慢（ゆっくり）解凍が適している。

Q 358 冷凍の肉や魚は急速解凍が適している。

基本の調味料

Q 359 塩には、浸透圧によって野菜を脱水させる作用がある。

電子レンジによる解凍むらを少なくするには、低出力にするか、断続加熱して経過を見ながら解凍する。

電子レンジは、食品の量が少なければ短時間加熱でよいが、多量になると加熱時間が長くなる。庫内投入量が多い場合、加熱むらも大きくなる。

電磁調理器加熱は熱効率がよく、汁がこぼれても焦げつかない。炎が出ないので子どもや高齢者にも適する。

電磁調理器のトッププレート下のコイルは発熱しない。金属製のなべを乗せてスイッチを入れると、トッププレート下のコイルに電流が流れ、磁力線が発生する。その際、金属のなべ底に誘導電流（うず電流）が生じて、なべ底自体が発熱する。

圧力なべの内容物は115～125℃で沸騰する。沸点が高く、食品の加熱時間が短縮できる。

ほうろうは表面がガラス質だが、内部は金属（最も多いのは鉄）であるため、電磁調理器で使用することができる。

冷凍野菜は、凍ったまま直接、湯やスープに入れるというような、急速解凍が適している。

冷凍の肉や魚は緩慢（ゆっくり）解凍が適している。急速に解凍すると、品質劣化が大きい。

きゅうりの塩もみなどは、塩の浸透圧による脱水作用を利用した調理である。

ステップ1　食生活と栄養　調理と衛生

ステップ2　食生活と栄養　調理と衛生

資料

Q 360 青菜をゆでるときに塩を加えると、緑の色が悪くなる。

Q 361 りんごを塩水につけると、色が悪くなる。

Q 362 塩はたんぱく質の凝固を抑制する。

Q 363 しょうゆは大豆、小麦、食塩をおもな原料としている。

Q 364 うす口しょうゆは濃い口しょうゆより食塩濃度が高い。

Q 365 信州みそは米みそである。

Q 366 砂糖は、糊化したでんぷんの老化を抑制する。

Q 367 砂糖は、ゼラチンゼリーをやわらかくする。

Q 368 砂糖は、イーストの発酵を抑制する。

Q 369 みりんは、うるち米と米麹を混ぜて熟成させたものである。

Q 370 みりんには、アルコールが含まれている。

青菜をゆでるときに塩を加えると、緑の色が色よく仕上がる。色素成分クロロフィルの性質により、緑を安定に保つ。

 りんごを塩水につけると、酵素作用がおさえられ、褐変を防ぐことができる。

 塩はたんぱく質の凝固を促進する。（例）茶わん蒸し、魚肉へのふり塩など。

 しょうゆは大豆、小麦、食塩を主原料とした発酵食品である。

 うす口しょうゆは色はうすいが、濃い口しょうゆより約2％食塩濃度が高い。

 みそは麹の種類により、米みそ・豆みそ・麦みそに分類される。

 砂糖は水にとけやすく親水性があるため、調理効果を高める。でんぷんの老化を抑制する他、たんぱく質に作用する、防腐・保存効果を高める、ケーキなどに焼き色をつける効果もある。

 砂糖は、ゼラチンゼリーをかたくする。砂糖濃度を高くするとゼリーがかたくなり、水が出にくくなる。

 砂糖は、イーストの発酵を促進する。パンを作るときに砂糖を加え、酵母の栄養とする。

 みりんは、もち米と米麹を混ぜて熟成させたものである。みりんは料理に甘味、うま味、つやを与える。

 みりんにはアルコールが含まれており、料理によってはアルコールをとばして使用する。

Q 371 みりんは、根菜類の軟化を促進する。
□□

Q 372 食酢は、ビタミンCの酸化を抑制する。
□□

調味の割合

Q 373 調味パーセントとは、材料の重量に対しての調味
□□ 料の割合を示したものである。

Q 374 調味パーセントで示されるのは、塩分と糖分のみ
□□ である。

Q 375 調味パーセントは、料理初心者の調味の失敗の軽
□□ 減に役立つ。

Q 376 料理ごとの標準的な調味パーセントを覚えること
□□ で、料理に用いる調味料の重量が算出できる。

Q 377 塩味に利用される調味料は、おもに塩としょうゆ、
□□ みそである。

Q 378 甘味に使用される調味料は砂糖のみである。
□□

みりんは根菜類の軟化を抑制する（遅らせる）。肉や魚の身をしめたり、芋の煮くずれを防ぐ効果もある。

 食酢は、ビタミンCの酸化防止の他、防腐作用、たんぱく質の凝固、褐変防止などの効果がある。

 調味パーセントは、材料の重量に対しての調味料（おもに塩分や糖分）の割合を示したものである。次の式で表される。
調味パーセント（％）＝調味料の重量（g）÷材料の重量（g）×100
参照▶資料⑬

 調味パーセントは、塩分、糖分の他に、酢、油、かたくり粉、小麦粉、だしなどにも適用することができる。

 調味パーセントは、計量して調理すること、一定の料理の味が再現できることにより、料理初心者の失敗が軽減できる。

 調味パーセントは、標準的な割合がほぼ決まっているので（例えば煮物のいりどりの場合、塩分1〜1.2％、糖分4〜6％など）、それらの割合を覚えて計算するとよい。
参照▶資料⑬

 塩味に利用される調味料は、塩としょうゆ、みそである。塩分量は一般的にしょうゆ（濃い口）が15％、みそが12％となる。

 甘味に使用される調味料は、おもに砂糖とみりんである。

Q 379 □□ うす口しょうゆの塩分は約10%である。

Q 380 □□ しょうゆ（塩分約15%）の大さじ1杯の塩分は約3gである。

Q 381 □□ みその塩分は、どのみそも約15%である。

Q 382 □□ みりん大さじ1杯は、砂糖小さじ2杯とほぼ同じ糖分を含む。

Q 383 □□ 調味パーセントの算出に用いる材料の重量は、基本的に廃棄量を含む。

Q 384 □□ 煮物の味付けは、材料の重量に対して行う。

Q 385 □□ 汁物の味付けは、中身の具の重量に対して行う。

Q 386 □□ 材料に乾物がある場合は、水で戻す前の重量を用いる。

Q 387 □□ 炊き込みごはんの味付けは、乾物の米の重量に対して行う。

Q 388 □□ みそ汁の塩分として適当なのは、0.6〜0.8%である。

食中毒の原因と予防

Q 389 □□ 細菌性食中毒は、冬季より夏季に多く発生する。

うす口しょうゆの塩分は約16%である。濃い口しょうゆの塩分は約15%、減塩しょうゆの塩分は約7〜9%である。

 しょうゆは大さじ1杯18gの場合、18×15÷100＝2.7≒3gとなる。

 みその塩分は、種類によって異なる。信州みそ（淡色辛みそ）は塩分約12%、西京みそ（白みそ）は塩分約5%、八丁みそは塩分約11%など。

 みりんの糖分は砂糖の1/3の甘さとして考える。みりん小さじ1（6g）の糖分は2g、大さじ1（18g）の糖分は6gとなる。砂糖小さじ1は3gである。

 材料の重量は、廃棄量を含まない正味重量（魚などは骨つきの場合もある）である。

 煮物の味付けは、材料の重量に対して行い、だしは含めない。

 汁物の味付けは、基本的にだしの重量に対して行う。

 乾物は、水などで戻したあとの重量を用いる。

 炊き込みごはん、ピラフ、リゾットなどの米料理、すし飯は、乾物の米の重量に対して調味する。

 その他、すまし汁の塩分は0.5〜0.7%、スープの塩分は0.2〜0.5%が適当である。だしの味が濃い場合は、塩分をうすくできる。

 ウイルス性食中毒は、夏に比べ冬の発生が多い。

Q 390 □□ 細菌性食中毒を起こす細菌は、食品の中では増殖しない。

Q 391 □□ カンピロバクターは、細菌性食中毒の病因物質である。

Q 392 □□ カンピロバクターは、嫌気性菌である。

Q 393 □□ サルモネラ属菌は通性嫌気性菌である。

Q 394 □□ 卵はサルモネラ属菌による食中毒の原因になりやすい食品である。

Q 395 □□ 鶏肉は腸炎ビブリオによる食中毒の原因となりやすい食品である。

Q 396 □□ 黄色ブドウ球菌のおもな原因食品は、卵である。

Q 397 □□ ボツリヌス菌は好気性菌である。

Q 398 □□ ボツリヌス菌は、海産魚介類に分布している。

Q 399 □□ カレーは、ウェルシュ菌食中毒の原因となりやすいメニューである。

細菌性食中毒の原因菌は、食品中で増殖する。ウイルス性食中毒を起こすウイルスは、食品の中では増殖できない。

 カンピロバクターは、家畜や鶏などの腸管内に分布している。その他、細菌性食中毒の原因菌には、サルモネラ属菌、腸炎ビブリオ、下痢原性大腸菌、黄色ブドウ球菌、ボツリヌス菌、セレウス菌、ウェルシュ菌などがある。

参照 ▶ 資料 ⑮

 カンピロバクターは、酸素濃度の低い環境で生存できる微好気性菌である。

 サルモネラ属菌は、通性嫌気性菌で、酸素の有無にかかわらず増殖できる。最もよく発育する温度帯は 30 〜 37℃であるが、調理の熱で死滅する。

 サルモネラ属菌による食中毒は、鶏肉や鶏卵が原因となることが多い。卵は低温で保存し、生食する場合は殻に傷がなく、賞味期限内の新鮮なものに限る。

 腸炎ビブリオは好塩菌で、海水中に存在するため、海産魚介類が食中毒の原因となりやすい。

 黄色ブドウ球菌の原因食品は、にぎり飯など穀類加工品や乳製品などが多い。

 ボツリヌス菌は嫌気性菌であり、酸素のないところで増殖する。

 ボツリヌス菌は嫌気性菌であるため、缶詰やレトルト食品は注意を要する。

 ウェルシュ菌は有芽胞（耐熱性）の嫌気性菌で、特に大量調理したカレーでの発生が多い。

Q 400 アコニチンは、細菌性食中毒の原因となる病因物質である。

Q 401 ウイルス性食中毒で最も多く発生するのが、ノロウイルスによる食中毒である。

Q 402 動物性自然毒は、冬季より夏季に多く発生する食中毒である。

Q 403 シガテラ中毒は、魚介を介して人に寄生する食中毒である。

Q 404 トリカブトは、魚介を介して人に感染する食中毒である。

Q 405 じゃが芋の芽や緑色の部分に含まれている毒性のある成分を、ヤラピンという。

Q 406 スイセンの葉には、自然毒がある。

Q 407 横川吸虫は、魚介類を介して感染する寄生虫である。

Q 408 アニサキスは、サケやマスなどの海産魚に寄生する。

アコニチンは、植物性の自然毒で、トリカブトの有毒成分である。

ウイルス性食中毒の原因物質であるノロウイルスは、カキなどの二枚貝や調理従事者を介しての汚染が原因となることが多い。

動物性自然毒による食中毒の発生は季節的変動が少ないが、フグ中毒は夏季より冬季に多い。動物性自然毒には、フグ中毒、貝毒、シガテラなどがある。

シガテラは、毒化したプランクトンを餌にした魚に蓄積した毒を、人が摂取することで発生する食中毒である。

トリカブトは、有毒成分のアコニチンを含有する植物であり、植物性食中毒の原因となる。

じゃが芋の芽や緑色の部分に含まれている毒性のある成分は、ソラニンである。芽や緑色の部分の除去が完全でないと、食中毒になる可能性がある。ヤラピンはさつま芋を切ると出てくる乳白色の粘液で、空気に触れると黒く変色する。

スイセンの葉をニラと間違えて食し、食中毒を起こした実例がある。

横川吸虫の感染源は、アユ、フナ、シラウオ、ウグイなどである。その他、食中毒を起こす寄生虫には、肺吸虫、肝吸虫、アニサキス、クドア、有鈎条虫、無鈎条虫、サルコシスティスなどがある。

アニサキスは、海産魚であるサケ、マス、タラ、ニシン、サバ、スルメイカなどに寄生する。これらの魚介を介して人に感染し、食中毒を起こす。

Q 409 □□ クドアは牛肉に寄生する寄生虫である。

Q 410 □□ 有鉤条虫は、鶏肉に寄生する寄生虫である。

Q 411 □□ 無鉤条虫は、魚介類を介して人に感染する。

Q 412 □□ サルコシスティスは、魚介類を介して感染する寄生虫である。

Q 413 □□ 細菌性食中毒予防のポイントは、「細菌をつけない」、「細菌を増やさない」、「殺菌する」である。

Q 414 □□ 「細菌をつけない」ためには、食品の内部まで十分に加熱する。

Q 415 □□ 「細菌を増やさない」ために、作った料理はできるだけ早く食す。

Q 416 □□ 「殺菌する」ためには、昆虫を駆除する。

Q 417 □□ 食中毒の予防策として、まな板は肉と野菜で違う面を使う。

Q 418 □□ 食中毒の予防策として、加熱した料理は常温で保存する。

Q 419 □□ 食中毒の予防策として、調理中はこまめに手を洗う。

クドアはおもにヒラメに寄生し、食中毒の原因となる。

 有鉤条虫は、豚肉、いのしし肉などに寄生する。

 無鉤条虫は、牛肉の生食により感染する。

 サルコシスティスは、馬肉の生食（馬刺し）により感染する。

 細菌性食中毒の予防は、①細菌をつけない、②細菌を増やさない、③殺菌する、の3つのポイントを守ることである。

 「細菌をつけない」ためには、食材のチェック、調理器具の洗浄・殺菌、健康・衛生管理、昆虫の駆除や施設の整備などがポイントになる。

 「細菌を増やさない」ために、入手した食材はできるだけ早く使用し、食品の適正温度での保存が重要である。

 「殺菌する」ためには、食べる直前に、食品の内部まで十分に加熱する。昆虫の駆除は、細菌をつけないための対策法である。

 食中毒の予防策として、まな板は肉と野菜で違う面を使うなど、使い分けをすると衛生的である。

 食中毒の予防策として、料理は加熱したあと、長時間室温に置くことは避ける。加熱によって細菌がすべて死滅しているわけではない。

 食品を扱う際は、常に手洗いを心がけることが大切である。食材を扱うときは、その前後に手を洗う。

衛生的な調理

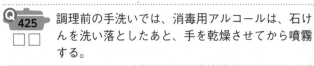

Q 420
□□
調理時に、前髪は三角巾から出ていてもよい。

Q 421
□□
調理時に、アクセサリーはつけたままでよい。

Q 422
□□
調理時、長すぎる袖口はまくる。

Q 423
□□
調理前の手洗いでは、石けんをつけて洗ったあと、10秒すすぐ。

Q 424
□□
調理前の手洗いは、かわいた手に石けんをつけてこすり洗いをし、流水で洗い落とす。

Q 425
□□
調理前の手洗いでは、消毒用アルコールは、石けんを洗い落としたあと、手を乾燥させてから噴霧する。

Q 426
□□
調理の際、手に化膿している傷がある場合は、黄色ブドウ球菌による食中毒の危険性がある。

調理時に、前髪は三角巾から出してはいけない。三角巾は、調理時に髪の毛などが料理に入ることを防ぐ目的で使用する。髪の長い場合は、結んでから着用する。

 調理時は、指輪などのアクセサリーや時計など、不衛生になるものははずす。

 調理時に袖口のボタンがはずれていたり、袖が長すぎると、調理時に調理器具に引っかかってしまったり、やけどをする危険がある。ただし、揚げ物を調理する場合には、必要に応じて、袖を伸ばすこともある。

 調理前の手洗いでは、石けんで30秒以上洗浄し、その後、流水で20秒以上すすぎ、石けんを洗い落とすとよい。

 調理前の手洗いは、まず手を水でぬらし、石けんをつけて、手のひら、爪、指の間、手の甲、手首をこすり洗いする。その後、流水で石けんを洗い落とす。

 調理前の手洗いでは、消毒用アルコールを使用する場合は、手を乾燥させてから行う。

 黄色ブドウ球菌は自然界に広く分布し、人の皮膚、特に化膿性疾患部位に多く認められる。手に傷がある場合は、手で直接食材に触れることを避け、使い捨て手袋をするなど注意をする。

Q 427 □□ 調理の衛生を考えた場合、まな板は、漂白・殺菌をかねて中性洗剤の溶液につけることが有効である。

Q 428 □□ じゃが芋は、こすり洗いをする。

Q 429 □□ ほうれん草は、ざるに入れ水をかけて洗う。

Q 430 □□ 玉ねぎは、皮ごと洗う。

Q 431 □□ レタスは葉をはがさず、おけの中で丸ごと洗う。

食品の表示

Q 432 □□ 食品の期限表示は、開封後も有効である。

Q 433 □□ 賞味期限は、品質の変化しにくい食品に表示される。

Q 434 □□ 消費期限表示は、保存期間が10日程度の食品につけられる。

Q 435 □□ 消費期限は、年月で表示される。

Q 436 □□ 食品には、消費者庁や農林水産省などによる表示マークがつけられている。

調理の衛生を考えた場合、まな板は、漂白・殺菌をかねて次亜塩素酸ナトリウム溶液につけることが有効である。中性洗剤は汚れを落とす際に使用する。

 泥のついた芋や根菜は、たわしなどでよくこすりながら洗い流す。

 ほうれん草は、水をためたボールや洗いおけの中で、水道の水を流しながらふり洗いする。茎の重なった部分に土が残りやすいので、根元を広げるようにして洗うとよい。

 玉ねぎは、皮をむいてから洗う。

 レタスやキャベツなどは、葉を1枚ずつはがし、水をためた洗いおけの中でふり洗いする。

 食品の期限表示は、開封後は無効である。

参照 ▶ 資料 ⑯

 期限表示には消費期限と賞味期限があり、品質が劣化しやすい食品には消費期限、劣化しにくい食品には賞味期限が表示される。

 食品の消費期限表示は、保存期間が5日程度の食品につけられる。

 消費期限は、年月日で表示される。

 食品の表示マークには、省庁によるもの以外にもさまざまなマークがある。覚えておくとよい。

参照 ▶ 資料 ⑰

環境に留意した調理

Q437 □□ 日本において、最も自給率の高い食品は小麦である。

Q438 □□ 大豆の自給率は他の食品と比べて高い水準を保っている。

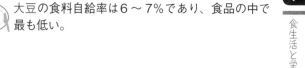

A ✕ 日本の食料自給率は、米や鶏卵が最も高く（ともに96%程度）、小麦は14%程度である。

A ✕ 大豆の食料自給率は6〜7%であり、食品の中で最も低い。

ステップ1 終了！

ステップ1

食生活と栄養

調理と衛生

ステップ2

食生活と栄養

調理と衛生

資料

ステップ

2

ステップ1を攻略したら、
いざ次のステージへ！
ステップ2は全371問。
より深い知識が試されます。
マスターすれば、あなたも家庭料理の達人‼

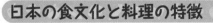

日本の食文化と料理の特徴

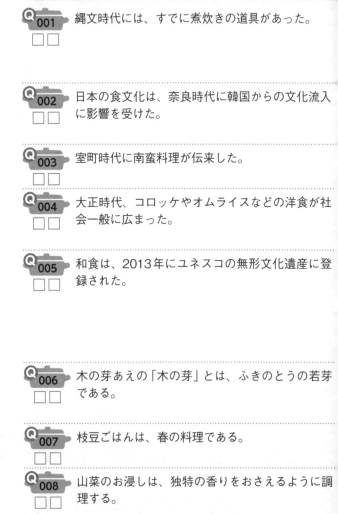

Q 001 縄文時代には、すでに煮炊きの道具があった。
☐☐

Q 002 日本の食文化は、奈良時代に韓国からの文化流入に影響を受けた。
☐☐

Q 003 室町時代に南蛮料理が伝来した。
☐☐

Q 004 大正時代、コロッケやオムライスなどの洋食が社会一般に広まった。
☐☐

Q 005 和食は、2013年にユネスコの無形文化遺産に登録された。
☐☐

Q 006 木の芽あえの「木の芽」とは、ふきのとうの若芽である。
☐☐

Q 007 枝豆ごはんは、春の料理である。
☐☐

Q 008 山菜のお浸しは、独特の香りをおさえるように調理する。
☐☐

縄文土器には、すでに煮炊き用の道具がある。穀物などは煮ることででんぷんをα化でき、採取植物はゆでてアク抜きができるため、消化も味もよい状態で食べることが可能である。　参照 ▶資料 ①-2

 日本の食文化は、奈良時代の中国大陸からの文化流入に影響を受けている。この中国文化は、行事食等にも影響を与えた。

 南蛮料理が伝来したのは、安土・桃山時代である。室町時代には本膳料理が完成した。

 大正時代には洋食が社会一般に広まった。献立の主食はいずれも米飯であり、和洋折衷のスタイルであった。

 食が多様化し始めた1980年頃の日本人のPFCバランスは、世界的に見ても理想的であるとされた。2013年時点でも脂質の割合は26.2%（欧米40%台）であった。米飯、野菜類、魚介類を摂取する食生活の影響と考えられ、和食と健康との関係が注目されている。

 木の芽あえには、さんしょうの若芽を使用する。日本料理で木の芽とは、一般的にさんしょうの若芽を指す。

 枝豆は、夏の食材である。

参照 ▶資料 ②-2

 山菜のお浸しは、独特の香りをいかすように調理する。山菜は独特の苦味や香りが春の季節を感じさせる食材である。

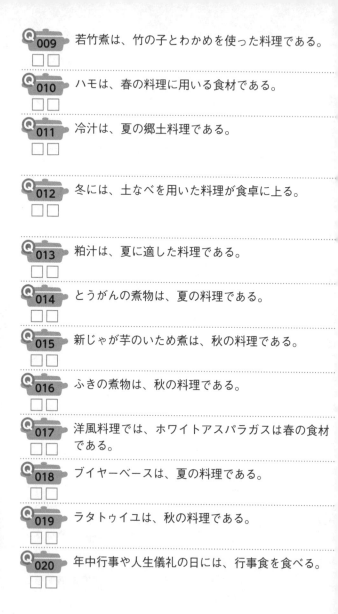

Q009 若竹煮は、竹の子とわかめを使った料理である。

Q010 ハモは、春の料理に用いる食材である。

Q011 冷汁は、夏の郷土料理である。

Q012 冬には、土なべを用いた料理が食卓に上る。

Q013 粕汁は、夏に適した料理である。

Q014 とうがんの煮物は、夏の料理である。

Q015 新じゃが芋のいため煮は、秋の料理である。

Q016 ふきの煮物は、秋の料理である。

Q017 洋風料理では、ホワイトアスパラガスは春の食材である。

Q018 ブイヤーベースは、夏の料理である。

Q019 ラタトゥイユは、秋の料理である。

Q020 年中行事や人生儀礼の日には、行事食を食べる。

若竹煮は、春が旬の竹の子とわかめを収穫して作る、春限定の料理である。

 ハモの旬は夏であり、夏の料理に用いる。

 冷汁には、ビタミン類やたんぱく質が多く含まれる。汁かけ飯なので食欲が落ちやすい夏にも食べやすい。

 なべ料理やなべ焼きうどんは、土なべで煮炊きし、そのまま食卓に出す、寒い季節の料理である。一方、夏には、冷たくのど越しのよい料理が多い。

 粕汁は、さめにくく冬に適している。わずかなアルコール分や粕による汁の粘度が体を温める。

 とうがんは夏が旬の野菜である。

 新じゃが芋のいため煮は春の料理である。新じゃが芋は春が旬である。

 ふきを料理に使うのは春である。

 洋風料理にも、季節特有の料理がある。

 ブイヤーベースは、魚介類をサフラン味で煮込んだ、フランスの冬の魚介なべ料理である。

 ラタトゥイユはフランスの夏野菜の煮込み料理である。

 日本人の生活には、日常生活と別に特別な日があり、「ハレの日」と呼ぶ。おもには年中行事や人生儀礼の日を指す。

Q 021 正月は、おせち料理の他、雑煮やお屠蘇をいただく風習がある。

□□

Q 022 1月11日には鏡もちを食べ、延命長寿を願うならわしがある。

□□

Q 023 小正月には、あずきがゆを食べる風習がある。

□□

Q 024 人日の節句には、七草がゆを食べる風習がある。

□□

Q 025 ごぎょうは、七草がゆの材料の1つである。

□□

Q 026 よもぎは、七草がゆの材料の1つである。

□□

Q 027 重陽は、五節句の1つである。

□□

Q 028 上巳の節句には、柏もちを食べる風習がある。

□□

Q 029 端午の節句には、白酒を供える風習がある。

□□

Q 030 端午の節句には、ちまきを食べる風習がある。

□□

一年のはじまりを祝う正月は最もたいせつな節目である。
参照 ▶ 資料 ①-1

毎年1月11日に鏡開きを行う。商家ではこの日を蔵開きともいう。

小正月の1月15日には、豊作を祈願してあずきがゆを食べる。

日本の季節の変わり目の基本的な行事が五節句である。1月7日は、五節句の人日にあたり、新年に野草（七草）を食べ、その強い生命力にあやかって長命を願った。

七草がゆは古代中国の年中行事と日本の若菜摘みの習俗とが合体した風習とされる。

七草とは、せり、なずな、ごぎょう、はこべら、ほとけのざ、すずな、すずしろである。

重陽（9月9日）は、五節句の1つで、重九ともいい、行事食には菊酒や栗飯がある。五節句は人日・上巳・端午・七夕・重陽である。

上巳の節句は、3月初めの巳の日（3月3日）であり、桃の節句とも呼ばれる。よもぎもちや白酒を供える風習がある。

端午の節句（5月5日）には、ちまきや柏もちを食べる風習がある。白酒を供えるのは上巳の節句である。

ちまきは中国の故事によって邪気を払うとされる。また柏もちも食べられるが、柏もちは柏の葉が新芽の出るまで親の葉が落ないことから、家が代々続くことを願うものである。

Q 031 七夕の節句には、しもつかれをお供えする。
☐☐

Q 032 節分は、五節句の1つである。
☐☐

Q 033 節分には、いり豆をまき、年齢の数の豆を食べて無病息災を祈る。
☐☐

Q 034 初午には、恵方巻きを食べる地方がある。
☐☐

Q 035 花祭りには、白酒を供える風習がある。
☐☐

Q 036 冬至には、かぼちゃを食べる地方がある。
☐☐

Q 037 「旬」とは、食材の収穫量が最も多い時期を指す。
☐☐

Q 038 旬の時期の魚類は、脂肪量が多くなる。
☐☐

Q 039 日本では、食の周年化は起こっていない。
☐☐

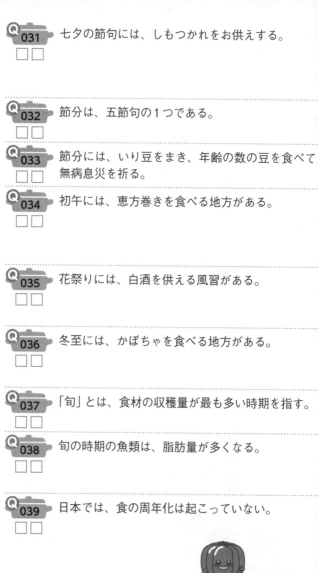

七夕の節句に食べる特徴的な食べ物はそうめんである。そうめんの原型は、索餅という唐菓子と考えられている。しもつかれについては、Q034の解説文、資料①-1を参照。

 節分（2月3日または2日）は、無病息災を祈る年中行事であるが、五節句ではない。

 節分には、柊やイワシの頭を飾り、魔よけとする。また恵方巻きを食べる地方もある。

 初午は、2月の初めの田の神祭りで、稲荷神社の祭事でもある。いなりずしやしもつかれ（北関東など）を食べる。しもつかれは、塩ザケのアラ、大根、根菜を大根おろしと煮込んだ料理である。

 4月8日の花祭りには、甘茶を誕生仏の像に注ぎかける風習がある。花祭りは、釈迦の誕生日を祝う仏教行事である。

 冬至は、12月半ば過ぎの一年で最も日中の長さが短くなる日である（22日頃）。かぼちゃや大根を煮て食べ、ゆず湯に入る。

 「旬」とは、農作物であれば最も収穫量が多い時期を指す。旬の食材は味がよく栄養価も高い。

 水産物の旬は、最も漁獲量が多い時期をいう。この時季の魚類には脂肪が多く含まれており味がよい。

 日本では、食の周年化が起こっている。周年化とは技術力で周年（一年じゅう）食材が手に入る状況のことを指す。

Q040 地産地消とは、「地域生活・地域消費」の略である。

□□

Q041 さやえんどうの旬は春である。

□□

Q042 きゅうりの旬は春である。

□□

Q043 山菜の旬は春である。

□□

Q044 山菜の代表的なものに、ワラビやゼンマイがある。

□□

Q045 山菜は煮込み料理に向く。

□□

Q046 イワシの旬は春である。

□□

Q047 いちじくの旬は春である。

□□

Q048 タチウオの旬は夏である。

□□

Q049 オレンジの旬は夏である。

□□

Q050 サンマの旬は秋である。

□□

地産地消とは、「地域生産・地域消費」の略である。地域で生産されたさまざまな生産物や資源を、その地域で消費することをいう。

 さやえんどうの旬は春である。

参照 ▶ 資料 ②-2

 きゅうりの旬は夏である。

 春の素材である山菜は、おもに自然の山野に芽吹いたものを採取するが、その時期は短い。

 山菜にはワラビやゼンマイの他、あまゆり、うるい、こごみ、ふきのとう、たらの芽などがある。山菜にはアクのあるものが多い。

 山菜は独特の苦味や香りをいかすお浸しやあえ物、天ぷらなどにする。煮込みのような長時間加熱は風味がとぶので、あまり向かない。

 イワシの旬は夏から秋である。一般にイワシはマイワシのことをいう。イワシの旬は、種類や産地（水揚げ場所）によっても変わるが、マイワシは5〜10月がおいしい時期とされている。

 いちじくの旬は夏である。

 タチウオの他、夏が旬の魚にはカツオ、アジ、アユなどがある。

 オレンジの旬は春である。

 サンマの他、サバ、サケなどは秋が旬である。

Q 051 サヨリの旬は秋である。
□□

Q 052 サワラの旬は秋である。
□□

Q 053 キウイフルーツの旬は秋である。
□□

Q 054 うどは冬の食材である。
□□

Q 055 家庭で使用する食器や食具は、家族各人専用のものがあることが多い。
□□

Q 056 漆器は、陶器に漆を塗って作られる。
□□

Q 057 磁器には吸水性がある。
□□

食品の栄養素とその働き

Q 058 炭水化物1gのエネルギー産生量は4kcalである。
□□

Q 059 1gあたりのエネルギー産生量が最も多い栄養素はたんぱく質である。
□□

Q 060 たんぱく質は、9種類のアミノ酸の化合物である。
□□

サヨリの旬は春である。その他、春が旬の魚には
タイ、白魚、ホウボウなどがある。

 サワラやニシンの旬は春である。

 キウイフルーツの他、秋が旬の果物には、梨、ぶ
どう、柿などがある。

 うどは春の食材である。

 家庭では、飯わんや汁わん、箸などは、家族それ
ぞれ専用のものがあることが多い。

 漆器は、木に漆を塗って作られる。漆器はアジア
文化圏特有のものである。

 磁器には吸水性がない。吸水性があるのは陶器で
ある。陶器は使う前に水につけ、調味料等の色移
りを防ぐ。

 炭水化物1gのエネルギー産生量は4kcalであり、
たんぱく質と同様である。

 1gあたりのエネルギー産生量が最も多い栄養素
は脂質である。脂質1gのエネルギー産生量は
9kcalである。

 たんぱく質は、約20種類のアミノ酸が結合してで
きた化合物である。たんぱく質のうち、体内で合
成することができず、食事からとらなければなら
ないアミノ酸を必須アミノ酸といい、9種類ある。

Q061 脂質は、細胞膜の主要な構成成分である。

Q062 飽和脂肪酸の摂取の目標量は、エネルギー比率で20％E以下である。

Q063 飽和脂肪酸は、オリーブオイルに多く含まれる。

Q064 α-リノレン酸は、必須脂肪酸である。

Q065 n-6系脂肪酸は、飽和脂肪酸である。

Q066 n-6系脂肪酸は、血液中のコレステロール量を増やす働きがある。

Q067 n-3系脂肪酸は、血液中の中性脂肪を減らす働きがある。

Q068 食物繊維は、人の消化酵素で消化される。

Q069 食物繊維は、糞便量を減少させる。

Q070 食物繊維は、脂質の腸管吸収を促す。

脂質は、体脂肪として蓄積され、必要なときにエネルギー源になる。

 飽和脂肪酸の摂取の目標量は、エネルギー比率で7% E以下である。

 飽和脂肪酸は、肉類、牛乳・乳製品に多く含まれる。

 α-リノレン酸は、リノール酸、アラキドン酸とともに体内で合成することができない必須脂肪酸である。α-リノレン酸はn-3系脂肪酸、リノール酸とアラキドン酸はn-6系脂肪酸である。

 n-6系脂肪酸は不飽和脂肪酸である。脂肪酸は、大きく分けて飽和脂肪酸と不飽和脂肪酸に分類できる。不飽和脂肪酸はその構造によって、さらに一価不飽和脂肪酸と多価不飽和脂肪酸に分類される。多価不飽和脂肪酸は、n-6系脂肪酸とn-3系脂肪酸に大別される。

 n-6系脂肪酸は、血液中のコレステロール量を減らす働きがある。

 n-3系脂肪酸は、脳や神経系の働きに関与している。また、体内でIPAやDHAに変換され、中性脂肪やLDLコレステロールを減らし、HDLコレステロールを上昇させる作用がある。

 食物繊維は、人の消化酵素では消化されない。

 食物繊維は、糞便量を増加させる。

 食物繊維は、脂質の腸管吸収をおさえる。

Q071 食物繊維は、コレステロールの吸収を促す。

Q072 食物繊維は、腸内の有害菌の働きをおさえる。

Q073 ナトリウムは、マグネシウムの吸収を阻害する。

Q074 亜鉛の吸収は、カルシウムによって促進される。

Q075 ビタミンは、エネルギー産生栄養素である。

Q076 ビタミンCには、鉄の吸収を促進させる働きがある。

Q077 ビタミンB₁には、血液凝固因子を形成する働きがある。

Q078 ビタミンDには、カルシウムの吸収を促進する働きがある。

Q079 ビタミンDには、糖質代謝を維持する働きがある。

食物繊維は、コレステロールの吸収を抑制する。

 食物繊維はエネルギー源としてではなく、腸の働きを盛んにしたり、血糖値の上昇をおだやかにするなどの生活習慣病予防としての生理機能が期待されている。

 ナトリウムは、マグネシウムの吸収を促進する。

 亜鉛は、たんぱく質によって吸収が促進される。カルシウムや食物繊維は、亜鉛の吸収を抑制する。

 ビタミンは、エネルギー産生栄養素ではない。エネルギー産生栄養素は、たんぱく質、脂質、炭水化物である。

 鉄はビタミンCにより吸収が促進されるが、お茶に含まれるタンニンによって吸収が阻害される。

 ビタミンB1には、糖質代謝を維持する働きがある。血液凝固因子は、ビタミンKの働きによって形成される。

 ビタミンDが多く含まれる食品には、レバー（豚）、バター、卵黄、干ししいたけ、魚（イワシ、カツオ、サケ）などがある。

 ビタミンDには、カルシウムとリンの吸収を促進する働きがある。その他、骨の硬質強化の働きもある。

日本人の食事摂取基準

Q 080 □□
体重1kgあたりの栄養素の必要量は、年齢によって異なる。

Q 081 □□
いずれのライフステージも、体重の維持を目標にエネルギーを摂取する。

Q 082 □□
体重の変化は、エネルギー摂取量とエネルギー消費量のバランスを見る指標となる。

Q 083 □□
成人期のエネルギー摂取量の指標には、BMI (Body mass index) が用いられる。

Q 084 □□
日本人の食事摂取基準では、栄養素摂取量の不足の有無を評価する指標として、推奨量が設定されている。

Q 085 □□
日本人の食事摂取基準において、集団に属するほとんどの人に不足の可能性がない摂取量を、推奨量という。

Q 086 □□
日本人の食事摂取基準において、耐容上限量とは、栄養素の過剰摂取を評価する指標である。

成長期には、成長に必要な分のエネルギーや栄養素の摂取が必要である。体重1kgあたりの必要量は成人期より多い。

 成長期は体重が増加するようエネルギーを摂取する。

 体重の変化は、エネルギー摂取量とエネルギー消費量のバランスを見る指標として有効である。食事の摂取量と活動による消費量の調整が重要になる。

 エネルギー摂取量の指標は、成人の場合、体重の変化量、または体格指数（BMI）を用いる。BMIは、体重（kg）÷身長（m）÷身長（m）で求める。

 日本人の食事摂取基準では、栄養素摂取量の不足の有無を評価する指標として、推奨量と推定平均必要量が設定されている。推奨量は、対象集団の97〜98％が充足している摂取量、推定平均必要量は、集団に属する50％の人が必要量を満たし、同時に50％の人が必要量を満たさない摂取量である。

 推定平均必要量と推奨量を算出するのに十分な根拠が得られない場合に目安量が設定される。目安量は、ある一定の栄養状態を維持するのに十分と考えられる量である。

 耐容上限量とは、栄養素の過剰摂取を回避する摂取量である。食事で耐容上限量を超える可能性は低く、サプリメントなどを摂取する場合に注意する必要がある。

Q 087 ビタミンAには、耐容上限量が示されている。
☐☐

Q 088 現在日本では、栄養不足（低栄養）の問題はなくなった。
☐☐

Q 089 現在の日本人に望ましいと考えられる摂取量より多く摂取しているものに、カリウムがある。
☐☐

Q 090 栄養素の過不足は、1週間程度で調整できればよい。
☐☐

食事・食品の分類

Q 091 食事バランスガイドのコマのイラストの一番上は、主菜である。
☐☐

Q 092 食事バランスガイドのコマのひもは、水分を表している。
☐☐

Q 093 食事バランスガイドでは、コマの中に1日分の料理・食品の例を示している。
☐☐

Q 094 食事バランスガイドにおいて、「1つ（SV）」の基準は、食品重量で示されている。
☐☐

Q 095 三色食品群では、主食・主菜・副菜を色で分類している。
☐☐

Q 096 三色食品群で黄色群には、卵類が分類されている。
☐☐

Q 097 六つの基礎食品群では、緑黄色野菜と淡色野菜を異なる分類としている。
☐☐

耐容上限量が示されているビタミンは、ビタミンA、D、E、ナイアシン、ビタミンB6、葉酸である。

 現在日本では、過栄養と低栄養の問題がある。高齢になると低栄養状態のリスクが高まる。

 現在の日本人に望ましいと考えられる摂取量より多く摂取しているものには、飽和脂肪酸、ナトリウムがある。カリウムや食物繊維は、望ましいと考えられる摂取量より、実際の摂取量が少ない。

 食事摂取基準は1日あたりで示されているが、習慣的な摂取量の目安となるものであるため、過不足は1週間程度で調整できればよい。

 コマの一番上は主食である。

参照 ▶ 資料 ⑥

 コマのひもは、菓子・嗜好飲料を表している。水分はコマの軸が表している。

 食事バランスガイドは、1日に「何」を「どれだけ」食べたらよいかを示したものである。

 食事バランスガイドの「1つ (SV)」の基準は、料理または食品の概量で示される。

 三色食品群では、栄養素の体内での働きを色で分類している。主食・主菜・副菜を分類しているのは食事バランスガイドである。

参照 ▶ 資料 ⑨

 三色食品群の黄色群には穀類が分類されている。卵類は赤色群に分類される。

 六つの基礎食品群では、緑黄色野菜を第3群、淡色野菜を第4群に分類している。

Q 098 □□
六つの基礎食品群では、第1群に小魚類が含まれる。

Q 099 □□
4つの食品群では、肉と卵を同じ分類としている。

Q 100 □□
4つの食品群の第3群には、芋が含まれる。

Q 101 □□
4つの食品群において、第4群は日本人に不足しがちなカルシウムを含む食品が分類される。

Q 102 □□
4つの食品群の第1群に分類される卵は、ビタミンA以外のあらゆる栄養素を含んでいる。

Q 103 □□
緑黄色野菜の定義は、可食部100gあたりのカロテン含量が600μg以上のものである。

Q 104 □□
かいわれだいこんは、緑黄色野菜である。

六つの基礎食品群では、魚介類は第1群に分類されるが、小魚類は第2群に分類される。

 4つの食品群では、肉と卵は異なる群に分類される。肉は第2群、卵は第1群である。

 4つの食品群の第3群には、芋、野菜（きのこ、海藻を含む）、果物が分類される。

 4つの食品群の第1群は、日本人に不足しがちなカルシウムを含む食品が分類される。第1群は、まず最初にとりたい食品のグループである。第4群は、体温を保ち、体を動かすために必要なエネルギー源となる食品のグループである。

 第1群に分類される卵は、ビタミンC以外のあらゆる栄養素を含んでいる。

 トマト、ピーマンなど一部の野菜については、カロテン含量が100gあたり600μg未満であっても、摂取量および摂取頻度等を勘案し、緑黄色野菜に分類されている。

 緑黄色野菜は、原則として可食部100gあたりのカロテン含量および、β-カロテン当量が600μg以上のものをいう。

食事計画

❖ アセスメント

Q105 食事計画は、対象者の健康の維持・増進、生活の質（QOL）の向上を目的として考える。

Q106 食事計画では、アセスメントによって対象者の実態を明らかにする。

Q107 対象者の性、年齢は、食事計画の際に必要な情報である。

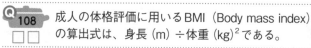
Q108 成人の体格評価に用いるBMI（Body mass index）の算出式は、身長（m）÷体重（kg）^{2}である。

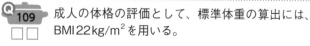
Q109 成人の体格の評価として、標準体重の算出には、BMI22kg/m^{2}を用いる。

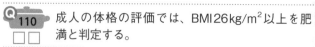
Q110 成人の体格の評価では、BMI26kg/m^{2}以上を肥満と判定する。

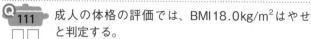
Q111 成人の体格の評価では、BMI18.0kg/m^{2}はやせと判定する。

Q112 成人では、目標とするBMIの範囲は性別により異なる。

食事計画では、誰のための食事計画かを明確にする。対象者に関する情報を得て、それをふまえて「何をどれだけどのように食べるか」を計画することが食事計画である。

 アセスメントでは、性別や体格、身体状況などから対象者の栄養状態を、食事内容などから食生活の実態を調べ、対象者の問題点を明らかにする。

 必要なエネルギーおよび栄養素は、性、年齢、体の大きさによって異なる。食事計画の際には性、年齢を確定し、現在の体重を確認する。

 成人の体格評価に用いるBMIの算出式は、体重（kg）÷身長（m）÷身長（m）である。

 標準体重の算出にはBMI22kg/m^{2}が使われるが、この数字にこだわることなく、普通体重の範囲（BMI18.5kg/m^{2}以上、25kg/m^{2}未満）の中で、いきいきとした生活ができる適正体重を維持できるようにする。

 成人の体格の評価では、BMI25kg/m^{2}以上を肥満と判定する。

 成人の体格の評価では、BMI18.5kg/m^{2}未満はやせと判定する。

 成人では、目標とするBMIの範囲は年齢により異なる。性別による差はない。BMIの目標範囲は、高齢による低栄養状態のリスクを回避するために、年齢が上がるにつれて下限値が高くなる。

Q113 ☐☐ メタボリックシンドロームの診断基準では、中性脂肪150mg/dl以上を脂質異常としている。

Q114 ☐☐ メタボリックシンドロームの診断基準では、LDLコレステロール40mg/dl未満を脂質異常としている。

Q115 ☐☐ 男性のウエスト周囲径90cm以上の場合、メタボリックシンドロームと診断される。

Q116 ☐☐ ウエスト周囲径の高値は、皮下脂肪蓄積を示している。

Q117 ☐☐ メタボリックシンドロームの診断基準では、収縮期血圧130mmHg以上を高血圧としている。

❖ 栄養計画

Q118 ☐☐ 現在の体重がやせの場合は、現在の体重を維持するように摂取エネルギー量を考える。

Q119 ☐☐ 現在、普通体重であり、体重が減少している人の場合は、摂取エネルギー量を変えず、エネルギー消費量を抑制する。

Q120 ☐☐ 45歳でBMIが19.5kg/m^{2}の人の場合、BMI 22.0kg/m^{2}以上となるようにエネルギー摂取量を設定する。

Q121 ☐☐ 50歳でBMIが25.5kg/m^{2}の人の場合、BMI 22.0kg/m^{2}未満となるようにエネルギー摂取量を設定する。

メタボリックシンドロームの診断基準では、中性脂肪150mg/dl以上を脂質異常としている。

 メタボリックシンドロームの診断基準には、LDLコレステロール値は含まれていない。脂質異常は、中性脂肪とHDLコレステロール（40mg/dl未満）の値により診断する。

 男性のウエスト周囲径は、85cm以上でメタボリックシンドロームと診断される。女性は90cm以上である。

 ウエスト周囲径の高値は、内臓脂肪蓄積を示している。

 メタボリックシンドロームの診断基準では、収縮期血圧130mmHg以上かつ/または拡張期血圧85mmHg以上を高血圧としている。

 現在の体重がやせの場合は、BMI18.5kg/m²以上（50歳から64歳の場合はBMI20.0kg/m²以上）になるようにエネルギー摂取量を考える。

 現在、普通体重であり、体重が減少している人の場合は、摂取エネルギー量を増やす。

 45歳で現在BMIが19.5kg/m²の人の場合、現在の体重維持を目標とする。

 年齢にかかわらず、BMIが25.0kg/m²以上の人は、減量できるよう、BMI25.0kg/m²未満となるようにエネルギー摂取量を設定する。

❖ 食事計画

Q 122 食事計画では、最初にエネルギー量を決める。
□□

Q 123 1回の食事における料理構成は「主食」「主菜」「副菜」「汁物」「乳・乳製品、果物」の分類で考える。
□□

Q 124 食事計画の際、1日に摂取する食品の量を食品構成で確認する。
□□

Q 125 食事計画時に食費は考慮しなくてよい。
□□

Q 126 食品構成は、1日にどのような食品をどのくらい食べたらよいかを示すものである。
□□

Q 127 食品構成では、食品群ごとに摂取量の目安を示している。
□□

Q 128 食品構成は、献立作成時には活用できない。
□□

最初に個々人に必要なエネルギー量を設定し、次にエネルギーを構成する3つの栄養素であるたんぱく質、脂質、炭水化物のバランスを考える。次いで、1日のエネルギー量を食事回数で配分する。さらに1回の主食を、1食に必要なエネルギー量の40～45%とし、量を決める。

 「主食」は炭水化物を主とする穀類、「主菜」はたんぱく質源となる食品、「副菜」はビタミン、ミネラル、食物繊維摂取につながる野菜類など、というように、各料理分類は栄養素、食品と結びついている。料理構成を左記の分類で考えることにより、自然に栄養素のバランスがとれる。

 食品構成は1日に摂取する食品を食品群単位でどのくらい摂取するかの目安を示している。

参照 ▶ 資料 ⑩-2

 食事計画は適切な費用で考える。旬の食材を使用すると、食費をおさえることができ、味的にも栄養的にも品質がよい。

 食品構成は、目標とするエネルギー量で必要な栄養素量を摂取するために、1日にどのような食品をどのくらい食べたらよいかの目安量を明らかにしたものである。

 4つの食品群における食品構成では、食品群ごとに、年齢別、性別、身体活動レベル別に摂取量 (g) の目安を示している。

 献立作成時に食品構成を活用することで、栄養素に大きな過不足なく献立を作成することができる。

Q 129 主食には、炭水化物の供給源となる食品を選ぶ。
☐☐

Q 130 主菜には、食物繊維の供給源となる食品を選ぶ。
☐☐

Q 131 副菜には、たんぱく質の供給源となる食品を選ぶ。
☐☐

Q 132 朝食欠食者には、昼食と夕食で必要な栄養素が摂取できるようにする。
☐☐

Q 133 18〜29歳、身体活動レベルⅠの女性において、1日の穀類の摂取目安量は、220gである。
☐☐

Q 134 18〜29歳、身体活動レベルⅠの女性において、1日の乳・乳製品の摂取目安量は、200gである。
☐☐

Q 135 18〜29歳、身体活動レベルⅠの女性において、1日の豆・豆製品の摂取目安量は、80gである。
☐☐

Q 136 18〜29歳、身体活動レベルⅠの女性において、1日の野菜の摂取目安量は、250gである。
☐☐

Q 137 18〜29歳、身体活動レベルⅡの女性において、1日の果物の摂取目安量は、100gである。
☐☐

Q 138 18〜29歳、身体活動レベルⅠの女性において、第3群は、野菜、芋、果物を各1点とる。
☐☐

主食には、炭水化物を主とする米飯、パン、めんなどの穀類を選択する。

 主菜には、たんぱく質の供給源である卵、魚介、肉、大豆・大豆製品を選択する。

 副菜には、ビタミン、ミネラル、食物繊維の供給源である緑黄色野菜、淡色野菜、芋類、きのこ類、海藻類を選択する。

 朝食欠食者は、何か1品でも朝食として食べるようにすることが大切である。野菜ジュースや牛乳など、エネルギーだけでなく、ビタミンやミネラルが摂取できるようなものが望ましい。

 穀類の摂取量の目安は、性別、年齢、身体活動レベルによってそれぞれ異なる。4つの食品群における穀類は、米（飯ではない）、乾麺、パンなどである。

参照 ▶ 資料 ⑩-2

 18 ～ 29歳、身体活動レベルⅠ、Ⅱの女性において、乳・乳製品の摂取目安量は1日250gである。

 18歳以上の女性は、身体活動レベルにかかわらず、豆・豆製品の摂取目安量は1日80gである。4つの食品群における豆・豆製品は、大豆およびその加工品、あずき、いんげん豆等である。

 12歳以上は、性別、身体活動レベルにかかわらず、野菜の摂取目安量は1日350gである。350gのうち120g以上は緑黄色野菜でとるようにする。

 10歳以上は、性別、身体活動レベルにかかわらず、果物の摂取目安量は1日200gである。

 10歳以上では、性別、身体活動レベルにかかわらず、第3群は野菜、芋、果物を各1点とるようにする。

Q 139 四群点数法を用いて1,600kcalの食事を計画する場合、第1群から第3群で11点をとる。

Q 140 成人の適正な炭水化物エネルギー比率は、50～65%Eである。

Q 141 1日に必要なエネルギー量が2,000kcalの場合、基本的な配分は、朝食600kcal、昼食600kcal、夕食600kcal、間食200kcalである。

Q 142 1日に必要なエネルギー量のうち、穀類由来のエネルギー量の比率は、55～60%とする。

ライフステージ別の食事計画

Q 143 幼児期・学童期の食事計画において、体重1kgあたりのエネルギー必要量は成人と等しくする。

Q 144 幼児期・学童期の食事計画では、エネルギー消費量に加えて成長に必要なエネルギー量がとれるようにする。

Q 145 幼児期・学童期の食事計画では、食品重量あたりの栄養素含有量の多い食品を選択する。

第1群から第3群で9点をとる。1,600kcalの食事を計画する場合、点数に換算すると20点となる。第1群から第3群の各群から3点ずつ食品を選択することで、必要な栄養素が過不足なく摂取できる。残りの11点は第4群でとるようにする。

 成人の適正な炭水化物エネルギー比率は50〜65％Eである。また、脂質エネルギー比率は20〜30％Eを目安とする。

 基本的なエネルギー量の配分は、朝食30％、昼食30％、夕食30％、間食10％程度で考えるが、ライフスタイルに応じて、朝食25％、昼食35％、夕食35％、間食5％程度、または1:1.5:1.5:0.5程度でもよい。

 1日に必要なエネルギー量のうち、穀類由来のエネルギー量の比率は40〜45％とする。エネルギーを構成する栄養素のうち、最も量的に多いのは炭水化物である。

 幼児期・学童期の体重1kgあたりのエネルギー必要量は成人より多い。

 幼児期・学童期には、成長に必要な分のエネルギーや栄養素の摂取が必要である。そのため、摂取エネルギー量が消費エネルギー量を上回るように食事計画を立てる。

 幼児期・学童期は、成人より1回に食べられる量が少ないため、食品重量あたりの栄養素含有量の多い食品を選択する。

Q 146 思春期は、第一次成長期である。
☐☐

Q 147 思春期は、体の大きさの男女差が小さい時期である。
☐☐

Q 148 思春期は、月経のある女子の鉄摂取量は男子より多くする必要がある。
☐☐

Q 149 思春期の食事計画では、男子は身長に比べ体重の増加が著しい時期であることを考慮する。
☐☐

Q 150 思春期の食事計画では、肥満傾向にある場合には、食事制限によって減量を行う。
☐☐

Q 151 高齢者の特徴として、過栄養状態の人はフレイルのリスクが高い。
☐☐

Q 152 サルコペニアの予防には、たんぱく質の摂取を少なくする。
☐☐

Q 153 高齢者の特徴として、ロコモティブシンドロームは転倒のリスクが高い。
☐☐

Q 154 高齢期は食事量が低下するため、少ない量で必要な栄養素がとれるような食品を選ぶ。
☐☐

Q 155 高齢期は、たんぱく質の消化吸収が低下するため、副菜にもたんぱく質源となる食品を加える。
☐☐

思春期は第二次成長期である。

 思春期は体の大きさの男女差が顕著である。

 思春期の女子は初潮を迎える時期である。月経のある女子は鉄摂取量が男子より多く必要となる。

 第二次成長期である思春期は、男子は身長の伸びが著しい時期であることを考慮する。

 思春期は身長、体重ともに増加する時期であるため、肥満傾向にある場合には、食事制限をなるべく避け、消費量を多くすることで減量を行う。

 高齢期に低栄養状態の人は、フレイルのリスクが高い。フレイルとは加齢によって衰弱した状態であり、予防のためには適切な栄養状態の維持が重要となる。

 サルコペニア（筋力や筋肉量が減少した虚弱状態）の予防には、たんぱく質の摂取が不足しないようにすることが重要である。

 ロコモティブシンドロームは、筋肉、骨、関節などに障害をきたしている状態。転倒などのリスクが高い。

 高齢期には、少ない量でも必要な栄養素がとれるような食品を選び、かさが増えない調理法の選択が重要となる。

 高齢期は、たんぱく質の消化吸収の低下や、食後のたんぱく質合成の反応性が低下するなど、たんぱく質の低栄養状態になりやすい。不足しがちな栄養素は、間食などで補充する。

Q 156 □□ 高齢期の食事計画では、過栄養の予防のため、たんぱく質摂取量を制限する。

Q 157 □□ 高齢期は、血圧を指標として食事量を計画する。

Q 158 □□ 高齢期は味を感じにくくなるので、味つけを濃くする。

Q 159 □□ 妊娠期の食事量は、非妊娠時と同じでよい。

Q 160 □□ 妊娠期は、妊娠週がすすむにつれて必要なエネルギーが減少する。

Q 161 □□ 妊娠中の適正な体重増加は、食事量が適正か否かの評価指標になる。

Q 162 □□ 非妊娠時のBMIが22kg/m^{2}だった人の推奨体重増加量は、7〜12kgである。

Q 163 □□ 妊娠期は、1回の食事量を減らし、間食によって栄養素量を補う。

Q 164 □□ 妊娠中期以降の間食はすすめない。

高齢期には、低栄養予防のため、たんぱく質摂取量を増やす。

 高齢期は体重を指標として食事量を計画する。

 高齢期は味を感じにくくなるので、適切な味つけにする。濃い味つけは食塩のとりすぎに、うすくしすぎると食欲低下につながるので、適切な味つけにすることが重要である。

 妊娠期の食事量は、非妊娠時より増やす。

 妊娠期は、妊娠週がすすむにつれて必要なエネルギー量および栄養素の量は増加する。

 非妊娠時のBMIにより、妊娠期間中の推奨体重増加量が決められている。

 非妊娠時のBMIが18.5～25kg/m^{2}未満（ふつう）だった場合は7～12kg、18.5kg/m^{2}未満（やせ）だった場合は9～12kgと、推奨体重増加量が設定されている。

 妊娠により多くのエネルギー、栄養素量が必要となるため、妊娠期は1回の食事量を少し多くするとともに、間食によって補う。

 妊娠中期以降は、1回の食事量を増やすとともに間食によって補う。間食には、牛乳・乳製品、豆乳などの大豆製品、果物、芋類等を取り入れるとよい。

調理方法

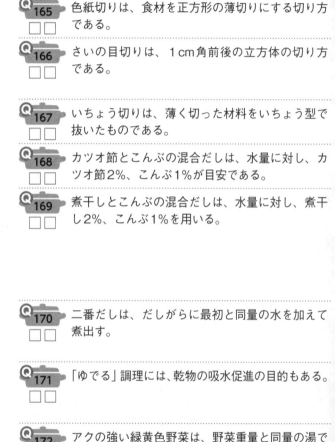

Q165 □□ 色紙切りは、食材を正方形の薄切りにする切り方である。

Q166 □□ さいの目切りは、1cm角前後の立方体の切り方である。

Q167 □□ いちょう切りは、薄く切った材料をいちょう型で抜いたものである。

Q168 □□ カツオ節とこんぶの混合だしは、水量に対し、カツオ節2%、こんぶ1%が目安である。

Q169 □□ 煮干しとこんぶの混合だしは、水量に対し、煮干し2%、こんぶ1%を用いる。

Q170 □□ 二番だしは、だしがらに最初と同量の水を加えて煮出す。

Q171 □□ 「ゆでる」調理には、乾物の吸水促進の目的もある。

Q172 □□ アクの強い緑黄色野菜は、野菜重量と同量の湯でゆでる。

色紙切りは色紙のように薄く四角い形に切る切り方である。　参照▶資料⑭

 さいの目切りは1cm角程度の立方体にする切り方、あられ切りはさいの目切りの小さい形で5mm角程度の立方体にする切り方である。

 いちょう切りは、円筒形の素材を縦四等分にし、端から薄切りにしたものである。　参照▶資料⑭

 だしは各種のとり方があるが、水量に対し、カツオ節2%、こんぶ1%が目安である。

 煮干しとこんぶの混合だしは、水量に対し、煮干し2%、こんぶ1%を用いる。みそ汁などの場合、こんぶを用いないこともあるが、こんぶを併用したほうがうま味が強い。こんぶと煮干しは水から投入し、30分以上浸水させておくと、よりうま味が出やすい。

 二番だしは、だしがらに最初の1/2量の水を加えて煮出す。二番だしは、煮物やわんだね（汁の具）の下煮に用いられる。

 「ゆでる」のおもな目的は、食品組織の軟化やアク抜き、乾物の吸水促進と加熱である。酵素を失活させて退色をおさえる目的もある。

 アクの強い緑黄色野菜は、野菜重量の5〜8倍量の湯でゆでる。

Q 173 淡色野菜をゆでるときは、緑黄色野菜よりもゆで湯が多く必要である。

Q 174 白菜は、ゆでたあと水にさらさず、ザルなどに広げてさます。

Q 175 ゆで湯に酢を入れると、ごぼうやうどは白く仕上がる。

Q 176 野菜類の色を美しく保つために、ゆで湯に食塩や酢を添加することがある。

Q 177 煮汁が少ない煮物の場合、味つけに上下の差が生じやすい。

Q 178 煮魚は、煮くずれないようになべに重ねて入れる。

Q 179 煮しめは、仕上がり時に煮汁を残す煮物である。

Q 180 土佐煮は、酢を加えて煮る煮物である。

淡色野菜のゆで湯の量は、緑黄色野菜よりも少なくてよい。緑黄色野菜をゆでるときは湯を多くして高温を保ち、長時間加熱にならないようにすることで、色よく仕上がる。

白菜（淡色野菜）はアクが少なく、色の変化も少ないため、水に取らずにザルなどに広げてさますようにし、野菜のうま味や甘味をできるだけ残す。

カリフラワーやれんこんも、酢を添加すると白くゆで上がる。

緑色の色素成分クロロフィルは、ゆで湯に食塩を加えることにより変色を防ぐことができる。ゆで湯に酢を加えると、カリフラワーやれんこんに含まれるフラボノイドは白く、赤しそなどに含まれるアントシアニンは赤くなる。

魚の煮つけなどは、材料がちょうど浸るくらいの量の煮汁で煮る。上下を返すとくずれやすい食材は、落としぶたを用いて煮汁が全体にまわるようにし、調味の均一化をはかる。

煮魚は一般に身がくずれやすいことから、加熱途中で上下を返す操作はできない。魚は、直径の大きな浅型のなべに重ねずに入れると煮くずれにくい。

煮しめは、仕上がり時に煮汁が残らないように煮る。根菜類などに煮汁をしみ込ませ、味をなじませる煮方である。

土佐煮は、しょうゆなどで煮たあと、削りガツオをまぶした料理である。酢を加えて煮るのは酢煮である。

Q181 白煮は、牛乳を加えた煮物である。
□□

Q182 赤飯は、強火から途中で中火に変えて蒸す。
□□

Q183 芋類は、最初から最後まで強火で蒸す。
□□

Q184 魚介の酒蒸しは、最初から最後まで強火で蒸す。
□□

Q185 茶わん蒸しは、初期のみ弱火、その後強火で蒸す。
□□

Q186 卵豆腐は、初期のみ強火、その後90℃前後で蒸す。
□□

Q187 ホットケーキは、でんぷんの糊化に時間を要するので強火で焼く。
□□

Q188 魚の塩焼きは、直火の場合、一般に熱源に近い距離で加熱する。
□□

Q189 網を用いた炭火焼きは、対流伝熱を利用した加熱方法である。
□□

Q190 鉄板焼きは、伝導伝熱を利用した加熱方法である。
□□

白煮は素材の白さを残すように、おもに塩と砂糖で調味した煮物である。牛乳を用いる煮物は、ミルク煮やクリーム煮などである。

 赤飯は、でんぷんの糊化が十分行われるようにするため、強火で蒸し続ける。強火から中火の火力調節を必要とするのは、まんじゅうや魚の蒸し物である。

 芋類は、強火で蒸し続けることで、でんぷんが十分に糊化される。

 魚介の酒蒸しは、強火から中火に変えて蒸す。たんぱく質が凝固しすぎるのを防ぐためである。

 茶わん蒸しは、初期のみ強火で、その後90℃前後で蒸す。すが立たないようにするためである。

 卵豆腐は、蒸し器内の温度回復などの理由から、初期のみ強火とし、その後は火力を落として加熱する。90℃を超えないように注意して長時間加熱すると、なめらかに仕上がる。

 ホットケーキは、でんぷんの糊化に時間を要するので強火を避けて焼く。強火で加熱すると表面が焦げているのに、中心の火通りが悪く、膨化にも影響がある。

 直火で加熱する魚の塩焼きの火加減は、一般に「遠火の強火」といわれ、熱源から放射される熱が魚全体に当たるように距離を取って加熱する。

 網を用いた炭火焼きは、放射伝熱を利用した加熱方法である。ガスや炭火などの熱源から放射伝熱を利用した焼き方を直火焼きという。

 鉄板焼きは、伝導伝熱を利用した間接焼きである。ステーキやお好み焼きなどに活用される。

Q 191 フライパン焼きは、放射伝熱を利用した加熱方法である。

Q 192 かたまり肉のオーブン焼きは、間接焼きである。

Q 193 食材をいためる際、火通りが均一になるように切り方をそろえる。

Q 194 食材をいためる際、投入する食材は、なべ容量の2/3程度が適量である。

Q 195 弱火で長時間いためると、食材からの水分放出量がおさえられる。

Q 196 いため物の油の使用量は、材料重量の5〜10%が目安である。

Q 197 芋類を揚げる際は、比較的高温短時間である。

Q 198 魚介類を揚げる際は、比較的高温短時間である。

調味パーセント

Q 199 調味パーセントは、味つけに必要な塩分や糖分の量を割合で示したものである。

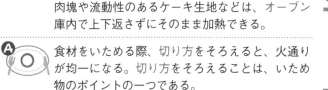 フライパン焼きは、伝導伝熱を利用した加熱方法であり、間接焼きである。

 オーブン焼きはオーブン庫内の対流伝熱、放射伝熱が大きく、全体的に均一に加熱できる。大きな肉塊や流動性のあるケーキ生地などは、オーブン庫内で上下返さずにそのまま加熱できる。

食材をいためる際、切り方をそろえると、火通りが均一になる。切り方をそろえることは、いため物のポイントの一つである。

 食材をいためる際、投入する食材の量は、なべ容量の1/3〜1/2程度が適量である。投入する食材の量が多すぎると攪拌しにくく、火通りが不均一になりやすい。

 弱火で長時間いためると、食材からの水分放出量が多くなり、煮物のようになる。

 いため物は、高温のなべ（またはフライパン）と少量の油脂を用い、攪拌しながら全体を均一に加熱する加熱方法である。

 芋類は、比較的低温で時間をかけて揚げる。でんぷん性の食品は、糊化に時間を要するためである。

たんぱく質系の食材である肉や魚介類は、比較的高温で短時間に揚げる。

 調味パーセントは、味つけに必要な塩分と糖分を食材の正味重量に対する割合で示したものである。塩分や糖分の他、酢や油などの量を示す場合もある。

参照 ▶ 資料 ⑬

147

Q 200 汁物の調味パーセントは、おもにだしの重量に対する塩分の割合である。

Q 201 煮物の調味パーセントは、だしを含めた食材料の重量に対する調味料の割合である。

Q 202 塩分1％は、100gの食材に対して1gの食塩を加えてつけた塩味である。

Q 203 食塩約1g分に相当するみそ（塩分12％）の量は、12gである。

Q 204 食塩約1g分に相当するしょうゆ（塩分約15％）の量は、6g（小さじ1）である。

Q 205 糖分1％は、100gの食材に対して、1gのショ糖を加えてつけた甘味のことである。

Q 206 みりん6gは砂糖1gと同等の甘味を持つ。

Q 207 食材300gに対して糖分3％の味つけをするときの砂糖の量は、大さじ1杯である。

Q 208 100gの野菜を4％の油を使っていためる場合の油の量は、小さじ1杯である。

Q 209 食材200gに0.8％の塩分で味をつける場合の食塩の量は、小さじ1/4強である。

市販だしを使用する場合は、含有する塩分を考慮する。

 煮物の調味パーセントは、だしを除いた食材料の合計重量に対する割合で示される。

 塩分はいわば、食塩相当量である。

 食塩約1g分に相当するみそ（塩分12%）の量は、みそ8g（大さじ1/2弱）である。 参照 ▶ 資料⑬

 塩味は食塩だけでなく、しょうゆ（一般に濃い口しょうゆ）や、みそ（一般に食塩濃度12%程度の辛みそ）も用いられる。料理によってこれら調味料を置きかえながら塩味をつける。

 料理の甘味の主体は砂糖（ショ糖）で、常用する砂糖は上白糖（ショ糖濃度約98%）のため、砂糖＝上白糖と考えてよい。みりんを併用する際は換算する。

 みりん3g（小さじ1/2）は砂糖1gと同等の甘味を持つ。

 食材300gに対して糖分3%の味つけをするときの砂糖の量は、300g×3÷100＝9g
砂糖は小さじ1杯で3g、大さじ1杯で9g。

 100gの野菜を4%の油を使っていためる場合の油の量は、100g×4÷100＝4g
油は小さじ1杯で4g。バター、ラード、マヨネーズも同様の重量である。

 食材200gに対して0.8×2＝1.6gの食塩を使用する。食塩（精製塩）は小さじ1で6gなので、小さじ1/4（1.5g）強となる。

Q 210 小さじ2の2倍の容量は、大さじ1・1/2である。
□□

Q 211 食材100gに塩分1.5%の味つけをみそ（塩分
□□ 12%）で行なう場合のみその量は、15gである。

調理器具の特徴と扱い方

Q 212 牛刀は、両刃で切先がとがっている。
□□

Q 213 菜切り包丁は、野菜の飾り切りに適している。
□□

Q 214 出刃包丁は、魚をおろしたり、かたい骨を切るの
□□ に適している。

Q 215 ステンレスなべは、焦げつきにくい。
□□

Q 216 アルミニウムなべは、湯わかしやゆでものに向い
□□ ている。

Q 217 ほうろうなべは、ジャム作りに適している。
□□

Q 218 フッ素樹脂加工のフライパンは、強火に向かない。
□□

小さじ2の2倍の容量は、大さじ1・1/3である。

 食材100gに塩分1.5％の味つけをみそ（塩分12％）で行なう場合、塩分1.5％＝1.5g、塩分1g分のみその量は8g、みその量は8×1.5＝12g。

 両刃の包丁は、刃の断面の両側がほぼ同一角度のもの、片刃は刃の断面の片面がほぼ平面で、もう片面が凸面のもの。牛刀は、肉、魚、野菜など多様に使うことができる。

 菜切り包丁は、両刃で幅広、刃の厚みが比較的薄い包丁である。野菜のせん切りなどに適する。両刃のため、食材を垂直に切るのによい。飾り切りに適するのは、ペティナイフである。

 出刃包丁は片刃の和包丁である。包丁には、和包丁（菜切り包丁・薄刃包丁・出刃包丁・刺し身包丁）と洋包丁（牛刀・ペティナイフ）がある。

 ステンレスなべは、熱伝導率が低く、熱が広がりにくいため、焦げつきやすい。ただし、さびにくい。

 アルミニウムなべは熱伝導率が高く、熱が伝わりやすい材質である。湯わかしやゆでものに向くが、酸や塩に弱いという欠点がある。

 ほうろうなべは、表面がガラス質のため、ジャム（pH3程度の酸性）などの加熱に適している。ほうろうは、酸や塩などの食品成分には安定である。

 フッ素樹脂加工のフライパンやなべは、強火や空だきはしない。使用温度は180〜260℃。

Q219 圧力鍋は、水の沸点が120℃前後と高いため、加熱時間が短縮できる。

Q220 電子レンジによる加熱は、加熱むらができにくい。

Q221 電磁（IH）調理器には、丸底の中華なべは適さない。

食品の性質と調理による変化

❖ 米類

Q222 精白米の浸漬時に吸収する水分は、重量の約10%である。

Q223 もち米はうるち米よりも浸漬時間を短くする。

Q224 うるち米を炊く際、加水量の目安は、米の容積の1.5倍である。

Q225 米は炊飯により、でんぷんがβ化する。

Q226 米のでんぷんの糊化には、98℃以上20分以上の加熱が必要である。

圧力鍋は、鍋を密閉して加熱することで、鍋内部の圧力を1気圧以上にし、水の沸点（約100℃）を上昇させて加熱調理する器具である。炊飯や煮豆は、粘りのある食感になる。

 電子レンジによる加熱は、加熱むらができやすい。食材や容器の形などによっても加熱むらが生じやすい。

 電磁（IH）調理器には、なべ底が平らなものが適する。また耐熱ガラスや土なべなどは使用できない。

 浸漬による吸水は約25％である。精白米の洗米時に吸収する水分は、重量の約10％である。

 もち米はうるち米よりも浸漬時間を長くする。もち米は吸水率は高いが、飽和吸水量に達するまで2時間程度かかる。うるち米の浸漬時間は30分以上である。

 うるち米を炊く際、加水量の目安は、米の容積の1.2倍である。重量の場合は1.3〜1.5倍である。

 米は炊飯により、でんぷんがα化する。米に含まれる生でんぷん（β-でんぷん）は、水を加えて加熱するとα化（糊化）して糊状になる。

 炊飯の沸騰期（沸騰を継続して水を対流させる時間）と蒸し煮期（米に水が吸水される時間）は、でんぷんの糊化を促進する重要な時期である。でんぷんの糊化には、98℃以上で20分保持する必要がある。

153

Q 227 炊き込み飯の調味料は、加熱直前に加える。
☐☐

Q 228 チャーハンは、米重量の5〜10%程度の油脂でいためる。
☐☐

Q 229 もち米は吸水量が多く、一般的に蒸す方法がとられる。
☐☐

Q 230 赤飯は、ふり水をしながら20分間蒸す。
☐☐

Q 231 加熱後の飯において、もち米はうるち米と比較すると老化が遅い。
☐☐

Q 232 飯の冷蔵保存は、冷凍保存よりも食味が低下する。
☐☐

❖ 小麦粉

Q 233 食塩は、小麦粉のグルテン形成を抑制する。
☐☐

Q 234 小麦粉を70℃以上の湯でこねると、グルテン形成は悪くなる。
☐☐

炊き込み飯を作る際、調味料（塩、しょうゆ、酒など）を浸漬中に加えると米の吸水が妨げられる。調味料は吸水が終了したあと、加熱直前に加える。

 チャーハンは、飯重量の5〜10%程度の油脂でいためる。米を油脂でいためるのは、ピラフである。

 もち米は吸水量が多く、組織が脆弱で、粘りが強く、好まれる飯に仕上げるための加水量が少ないことから、一般に蒸す方法がとられる。火力は強火で、常に十分な蒸気量で蒸す。

 赤飯は、ふり水をしながら40〜50分間蒸す。もち米は吸水量が多いため蒸す方法をとるが、そのまま蒸すだけでは飯がかたくなる。ふり水をし、かたさを調整しながら蒸す。

 もち米はうるち米よりアミロペクチンが多く、老化が遅い。老化とは、糊化でんぷんを水分を含んだまま放置することにより、しだいに白濁してかたくなる現象である。老化により食味が低下する。

 飯は冷蔵保存すると老化が促進され、食味が低下する。凍結保存のほうが老化は抑制できる。

 食塩は、小麦粉のグルテン形成を促進する。うどんは小麦粉に食塩を加えて作られる。それにより、グルテン形成が促進され、特有のこしが出る。

 小麦粉のグルテン形成は、30℃前後がよい。70℃以上の湯では、たんぱく質の変性が始まり、グルテン形成は悪くなる。

155

Q 235 ☐☐ ギョーザの皮は、生地をこねてから30分ねかせると生地の伸びがよくなる。

Q 236 ☐☐ 重曹を用いたまんじゅうの皮はアルカリ性となり、生地が黄色くなる。

Q 237 ☐☐ 白色ルウは小麦粉を油脂で120 ～ 130℃までいためる。

Q 238 ☐☐ ブラウンルウはホワイトルウより、ソースにしたときの粘度が低い。

Q 239 ☐☐ ブール・マニエはいためないので、比較的粘性が弱い。

❖ 肉類

Q 240 ☐☐ 牛肉の脂肪の融点は、鶏肉よりも低い。

Q 241 ☐☐ すね肉は結合組織が多いため、煮込みに向く。

Q 242 ☐☐ 牛肉のすねは、すき焼きに適している。

ギョーザの皮には中力粉が適する。中力粉や強力粉を用いた生地は、よくこねて30分程度ねかせると、グルテン形成の促進と均一化がはかられる。ねかすことで伸ばしやすく、成形しやすくなる。

 重曹を用いたまんじゅうの皮はアルカリ性になるため、生地が黄色くなる。小麦粉の色素フラボノイドは、アルカリ性下で黄色く変色する。

 ルウは、小麦粉を油脂でいためたもので、いためる温度により粘性や色が異なる。白色ルウは120〜130℃、淡黄色ルウは140〜150℃、褐色ルウは160〜180℃でいためる。

 ルウは、ブイヨンや牛乳でのばしてソースや煮込みに用いられる。ソースとする場合、加熱温度が高いルウほどソースの粘度は低下する。そのため、褐色（ブラウン）ルウの粘度が最も低く、白色ルウ（ホワイトルウ）の粘度が最も高い。

 ブール・マニエ（小麦とバターの練り合わせ）は加熱しないため、比較的粘性が強い。スープのとろみづけなどに利用する。

 牛肉の脂肪の融点は40〜50℃で、鶏肉（30〜32℃）よりも高いため、牛肉はさめると口ざわりが悪くなる。熱いうちに食べるほうがよい。

 結合組織を多く含むすね肉、バラ肉、肩肉などは、長時間煮込むと結合組織のコラーゲンがゼラチン化してほぐれやすくなり、やわらかくなる。

 牛肉のすねは結合組織が多く、短時間加熱の料理には適さない。すき焼きに適しているのは、肩ロース、リブロース、サーロインなどである。

Q243 □□ 豚肉の肩ロースは、ソテーやカツレツに適している。

Q244 □□ 豚肉のヒレは脂肪が少なく、カツレツやピカタなどに適している。

Q245 □□ 牛バラ肉は、脂肪が多くやわらかいので、ローストビーフに向く。

Q246 □□ 鶏肉の手羽先は、煮込みに適している。

Q247 □□ ひき肉に塩を加えて混ぜると粘りがおさえられ、ほぐれやすくなる。

Q248 □□ しょうが汁は、肉を軟化させる効果がある。

❖ 魚介類

Q249 □□ 焼き魚の下処理のふり塩は、魚の表面の水分と臭みを除く作用がある。

肉類は、各部位に含まれる結合組織の量によって適する料理が異なる。結合組織が比較的少なくやわらかいヒレ、ロース、肩ロースは、ソテーやカツレツに向く。結合組織が多く肉質がかたいバラ肉、すね肉、肩肉などは煮込み料理に向く。

 豚肉のヒレは脂肪が少なく淡泊な食味で、ステーキやロースト、カツレツなどに向く。

 ローストビーフはさめた状態でも食べるため、脂肪の少ないもも肉などの部位が使用される。牛脂の融点は人の体温より高いため、脂肪が少ないほうがさめてもおいしく食べられる。

 鶏肉の手羽先は、脂肪とゼラチン質に富み、煮込むとやわらかくなることから煮込みに向く。脂肪の少ないささ身や胸肉は煮込みには向かない。

 ひき肉に塩を加えて混ぜると粘りが出て、結着性や保水性が向上する。ひき肉は組織が短く切断されているため、そのまま加熱すると形がくずれやすい。

 しょうがやパパイヤ、パイナップル、キウイフルーツ（ヘイワード種）、いちじくなどには、肉を軟化する酵素（たんぱく質分解酵素）が含まれる。これらの野菜や果物を加熱前に肉にまぶしたり、肉に漬け込むことで、肉がやわらかくなる。

 塩焼きの下処理のふり塩（切り身魚は重量の1%程度、姿焼きは重量の2〜3%程度）は、魚の表面の水分と臭み（主成分はトリメチルアミン）を取り除く作用がある。この処理により、塩味がつくと同時に魚肉が引きしまり、しっとりと焼き上がる。

Q250 □□ タイなどの白身の魚を刺し身にする際は、薄めに切る。

Q251 □□ カレイやキンメダイなどの白身魚は煮魚に向く。

Q252 □□ カレイは、煮物にしたときに身がしまりやすい。

Q253 □□ タラなどの白身魚は、筋原繊維たんぱく質が多く、そぼろに適する。

Q254 □□ カツオなどの赤身魚は、筋形質たんぱく質が少ない。

Q255 □□ サバを煮るときにみそを加えると、魚臭がおさえられる。

Q256 □□ 魚肉に2%前後の食塩を加えてすりつぶすと、粘りが弱くなり、まとまりやすい。

Q257 □□ うしお汁は、鮮度の高い貝類やタイなどのあらを用いる。

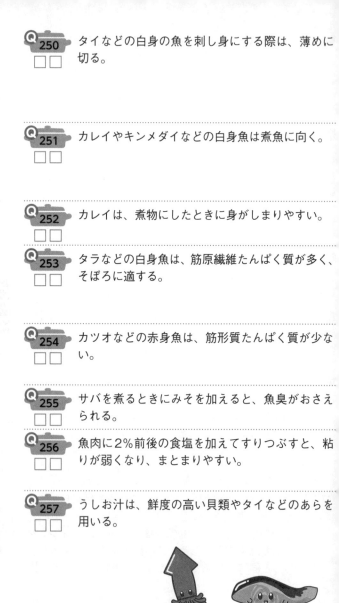

カレイやヒラメなどの白身の魚は身がかたいため、刺し身では薄めに切る（そぎ作りや糸作り）。これに対し、カツオやマグロなどの赤身の魚は身がやわらかいため、引き作り、平作り、角作りなど、厚めに切る。

 加熱しても身がやわらかいカレイやキンメダイなどの白身魚は煮魚に向く。アジ、イワシ、サバなどは赤身魚に分類されるが、白身魚との中間的な性質を持ち、煮魚にも多用される。

 カレイは筋形質たんぱく質が少なく、煮ると身がくずれやすい。

 タラなどの白身魚は、筋原繊維たんぱく質が多く、筋形質たんぱく質が少ない。白身魚は筋繊維が太く、加熱すると筋繊維がほぐれやすいのが特徴である。そのため、そぼろに適している。

 カツオなどの赤身魚は、筋形質たんぱく質が多い。加熱するとかたくしまるので、煮魚には不向きである。

 みそには魚臭をおさえる効果がある。サバやイワシなどはみそ煮に向く。

 魚肉の2％前後の食塩を加えてすりつぶすと、粘りが出てまとまりやすい。このすり身に、卵白などを加えて蒸すと「しんじょ」となる。

 うしお汁（潮汁）は、アサリやハマグリなど鮮度の高い貝類や、タイなどのあらを用いる。また、サバを用いた船場汁もうしお汁の代表である。

Q 258
□□
卵黄は卵白より低温で凝固が始まる。

Q 259
□□
卵白は80℃で完全に流動性を失い、凝固する。

Q 260
□□
温泉卵は70℃くらいの湯中で、5〜6分保持して作る。

Q 261
□□
ゆで卵の卵黄の表面が黒ずむのは、卵白の硫化水素と卵黄の鉄の反応が原因である。

Q 262
□□
茶わん蒸しのす立ちを防ぐには、100℃で加熱を行う。

Q 263
□□
カスタードプディングをなめらかに仕上げるためには、60℃で蒸す。

Q 264
□□
希釈卵液の卵濃度は、最低20％あればゲル化する。

Q 265
□□
新鮮な卵は古い卵より泡立ちやすい。

卵黄の凝固開始は、卵白より高温である。卵白の凝固開始は 58 〜 60℃程度、卵黄の凝固開始は 65℃前後である。

 卵白は約 58 〜 60℃でかたまり始め、80℃で完全に流動性を失い、凝固する。

 卵白と卵黄は加熱凝固温度が異なり、約70℃の温度帯では卵白と卵黄の凝固状態に差が出る。これを利用したものが温泉卵であり、70℃の湯温を 20 〜 30 分保持して作る。

 卵を過度に加熱すると、卵黄表面が黒ずんだ色（硫化第一鉄の形成による現象）になるため、ゆで上がりはすぐに水で冷やすようにする。

 茶わん蒸しにすが立つのを防ぐには、85 〜 90℃で加熱を行う。100℃では高温すぎて、すが立ちやすくなる。

 カスタードプディングをなめらかに仕上げるためには、85 〜 90℃で加熱する。すを立ちにくくするために、蒸す前の卵液を60℃程度で予備加熱する方法があるが、蒸す温度が60℃ではゲル化しない。

 希釈卵液とは、割りほぐして均一にした全卵にだしや牛乳を加えたもの。だしや牛乳は塩類を含み、ゲルをかたくする作用がある。希釈卵液の卵濃度は最低20％あればゲル化する。

 新鮮な卵は泡立ちにくく、泡の安定性が高い。古い卵は泡立ちやすいが、安定性が低い。

Q 266 冷蔵庫から出した直後の卵白は、泡立ちにくい。

☐☐

Q 267 濃厚卵白は、水様卵白より泡立ちやすい。

☐☐

Q 268 砂糖の添加は、卵白を泡立ちやすくする。

☐☐

Q 269 卵黄には乳化性がある。

☐☐

❖ 乳・乳製品

Q 270 牛乳の脂質は、水中油滴型のエマルションの形で分散している。

☐☐

Q 271 野菜のクリーム煮は、加熱当初から牛乳を加えて煮込むとなめらかに仕上がる。

☐☐

Q 272 じゃが芋を牛乳で煮ると、水煮に比べて芋がやわらかくなる。

☐☐

Q 273 泡立て用には、乳脂肪含量20％前後のクリームが適する。

☐☐

低温（冷蔵庫から出した直後など）の卵白は粘度が高く、泡立ちにくい。卵は常温にもどしたほうが泡立てやすい。

濃厚卵白は粘度が高く、粘度が低い水様卵白より泡立ちにくい。

卵に砂糖を添加すると、卵白の粘度が高まり泡立ちにくくなる。ただし、きめが細かく安定性のある泡になる。砂糖は卵白をある程度泡立てたあとに加え、さらに泡立てるとよい。

卵黄中に含まれるレシチンには乳化性がある。

牛乳の脂質は、脂肪球膜に包まれた水中油滴型エマルションである。

野菜のクリーム煮は、初めから牛乳を加えて煮込むと牛乳に含まれるたんぱく質（カゼイン）が野菜の有機酸により凝固するので、スープにとろみをつけてから、仕上げに牛乳を加えるとよい。

じゃが芋を牛乳で煮ると、水煮に比べて芋がかたくなりやすい。牛乳中のカルシウムが芋の細胞間に存在するペクチンと結合し、不溶性ペクチンを形成するためである。

泡立て用には、乳脂肪含量35％以上のクリームが適する。脂肪含量20％前後のクリームは、泡立てても保形性のある状態にはならない。コーヒーや紅茶用として利用される。

Q274 □□ デコレーション用の生クリームは、25℃程度で泡立てる。

Q275 □□ ホイップクリームを作るとき、砂糖を加えると安定性が増す。

✦ 豆・豆製品

Q276 □□ 豆腐は、大豆のたんぱく質を凝固剤でかためたものである。

Q277 □□ 湯葉は豆乳を加熱し、表面にできた膜をすくい取ったものである。

Q278 □□ 凍り豆腐は60℃程度の多めの湯でもどして使う。

Q279 □□ 黒大豆を鉄なべで煮ると、煮豆の色が悪くなる。

Q280 □□ あずきは大豆に比べ、たんぱく質が多い。

Q281 □□ あずきは吸水に時間がかからないため、浸水しないで加熱する。

デコレーション用の生クリームは、5℃程度の低温（氷水の入ったボールを容器の底に当てる）で泡立てる。室温のような温度では、分離しやすい。

 クリームに砂糖を加えて泡立てると、水分の分離が減少して安定性が増す。

 豆腐は、豆乳に凝固剤を加えて凝固させることにより作られる。製法によって、もめん豆腐、絹ごし豆腐、ソフト豆腐、充填豆腐などの分類がある。

 湯葉は豆乳の加熱時にできる皮膜である。

 凍り豆腐（高野豆腐）は、豆腐を凍結し、乾燥させたものである。たんぱく質が凍結変性し、保水性が失われ、スポンジ状となる。加工技術が進み、湯でもどさずに加熱した調味液に直接投入する製品もある。

 黒大豆を鉄なべで（または鉄釘を入れて）煮ると、黒大豆の色素であるアントシアニンと鉄が結びつき、美しい黒色になる。

 あずきは大豆に比べてでんぷんが多く、あんに利用される。

 あずきは表皮がかたく、大豆やいんげんなどと比べて吸水に時間がかかるため、浸水せず火にかけて吸水させる。

❖ 野菜類

Q 282
□□
せん切りのキャベツを水につけると、パリッとした特有の歯ざわりとなる。

Q 283
□□
ほうれん草をゆでるとき、ふたをしてゆでると色が悪くなる。

Q 284
□□
にんじんに含まれるカロテンは、熱に弱い。

Q 285
□□
カリフラワーを白くゆでるときは、湯に重曹を加える。

Q 286
□□
ごぼうの切り口を放置すると、イソチオシアネートの働きで褐変する。

❖ 芋類

Q 287
□□
加熱により芋がやわらかくなるのは、ペクチンが可溶化するためである。

生野菜などのテクスチャーは、細胞膜の半透性（水は通すが、調味料のような分子量の物質は通さない）という性質が影響する。ただし、せん切りキャベツは長く水につけすぎると、栄養素も味も水に出てしまうので注意する。

 ほうれん草をゆでる場合、溶出する有機酸によって湯が酸性になると、ほうれん草に含まれるクロロフィルが退色しやすい。ふたをせずにゆでることで、ゆで湯の有機酸を揮発させてpHの低下を防ぎ、退色をおさえる。

 にんじんに含まれるカロテンは、熱に強い。カロテノイドは、加熱および調味料の酸などに対して安定で、色の変化はほぼない。

 カリフラワーを白くゆでるときは、湯に酢やレモン汁を加え、酸性にする。色素成分であるフラボノイドは、重曹を添加したアルカリ性の湯では黄色になる。

 ごぼうの切り口を放置すると、ポリフェノールオキシダーゼの働きで褐変する。イソチオシアネートは大根、からし、わさびなどの辛味成分である。ポリフェノールオキシダーゼは空気中の酸素の存在下で作用するため、切り口にすぐに水（1%程度の食塩水の場合もある）につけて、褐変を防止する。

 ペクチン（細胞壁を構成する成分）は、熱いときのほうが流動性があり、粉吹き芋やマッシュポテトなどが作りやすい。

Q 288 □□ じゃが芋の粘質芋は、粉質芋と比較すると煮くずれしにくい。

Q 289 □□ 新じゃが芋はプロトペクチンが多く、煮くずれしやすい。

Q 290 □□ ゆでたじゃが芋は熱いうちに裏ごしすると、粘りが出にくい。

Q 291 □□ 電子レンジで加熱したさつま芋は、甘みが弱い。

Q 292 □□ さつま芋はレモン汁を加えて煮ると、皮の色がより褐色に近くなる。

Q 293 □□ さつま芋を切ると、ペクチンが空気にふれ黒くなる。

Q 294 □□ 里芋のぬめりは、調味料の浸透をよくする。

Q 295 □□ 山芋は、皮をむくとチロシナーゼの作用を受け、褐変が起こる。

じゃが芋はでんぷん量により、粉質芋（男爵やキタアカリ）と粘質芋（メークインや紅丸）に分けられる。粘質芋は細胞壁にあるペクチンがとけにくいため煮くずれしにくく、シチューや煮物に用いられる。

 新じゃが芋はプロトペクチンが多く、煮くずれしにくい。新芋や未熟な芋は、細胞内のでんぷんの成熟が不十分で、水に不溶性のプロトペクチンが多い。プロトペクチンは加熱しても水溶化しにくく、煮くずれが起こりにくい。

 芋はさめるとペクチンの流動性が失われるため裏ごししにくい。さめた芋を強い力で裏ごしすると、細胞膜が破れ、糊化したでんぷんが押し出されて粘りが出て、食味が低下する。

 電子レンジでさつま芋を加熱すると、温度上昇が急激で、早期にβ-アミラーゼが失活するため甘味が弱くなる。

 さつま芋はレモン汁を加えて煮ると、皮の色が赤紫色に近くなる。さつま芋の皮にはアントシアニンが含まれ、酸性で赤っぽく変化する。

 さつま芋を切ると、ヤラピンが空気にふれ黒くなる。ヤラピンは乳白色の樹脂配糖体である。

 里芋のぬめりは、調味料の浸透を妨げる。また、吹きこぼれの原因になるため、里芋は一度ゆでこぼしをする。

 山芋は、皮むきやすりおろし時に、チロシナーゼの作用を受け、褐変が起こる。そのため、皮をむいたあとは酢水につけて防ぐ。

❖ ゲル化素材

Q 296 ☐☐ ゼラチン液は、氷水で囲むか冷蔵庫で冷やしかためる。

Q 297 ☐☐ ゼラチンゲルは、20 ～ 35℃で融解する。

Q 298 ☐☐ 牛乳入りの寒天ゼリーを作るとき、加える牛乳の量が多いほどやわらかいゼリーになる。

Q 299 ☐☐ カラギーナンは、液体が40℃付近まで冷めてから副材料を加える。

Q 300 ☐☐ カラギーナン溶液は、室温でゲル化しない。

食品の保存

Q 301 ☐☐ 水分活性が高いほど、細菌は増殖しにくい。

Q 302 ☐☐ 細菌の増殖を防ぐには、食品の水分活性を下げる。

Q 303 ☐☐ 0℃で増殖できる細菌はいない。

溶解したゼラチン液は10℃以下で凝固するため、氷水や冷蔵庫内でゲル化（凝固）させる。

 ゼラチンは弾力性に富んだゲルで、融解温度が低いため、口どけがよい。

 寒天に牛乳を添加する場合、含有するたんぱく質や脂肪球の影響で、ゲル強度が低下してやわらかくなる。

 市販ゼリーのゲル化剤の主流であるカラギーナンは、液体が熱いうちに副材料を加える。カラギーナンは、比較的高温（35〜45℃）でもゲル化しやすく、冷たい果汁や牛乳を加えると分離することがある。

 カラギーナン溶液の凝固温度は35〜45℃で、室温でもゲル化する。

 水分活性が高いほど細菌は増殖しやすい。微生物が利用できる食品内の水分は自由水であり、水分活性はその自由水の割合を示している。

 微生物などは、自由水を利用して繁殖するため、食品の腐敗を防ぐには自由水を減少させることが必要である。

 0℃で増殖できる細菌もいる。低温菌は0℃でも増殖する。

Q 304 細菌は、最もよく増殖できる温度帯により、低温菌、中温菌、高温菌に分類される。

Q 305 低温菌の発育可能温度は、−5〜5℃である。

Q 306 中温菌の発育可能温度は、50〜60℃である。

Q 307 高温菌の発育可能温度は、40〜70℃である。

Q 308 酸素があると増殖できない細菌がいる。

Q 309 細菌の増殖を防ぐには、食品のpHを下げるとよい。

Q 310 細菌の増殖を防ぐには、食品の塩分濃度を下げるとよい。

Q 311 細菌の増殖を防ぐには、食品を砂糖漬けにするとよい。

低温菌には、食中毒原因菌であるエルシニア、リステリアなどが含まれる。中温菌には、カビ、酵母、腐敗細菌、ほとんどの食中毒原因菌が含まれる。高温菌は、温泉や堆肥中などに存在する。

 低温菌の発育可能温度は、おおむね0～30℃である。最もよく増殖できる温度帯は、おおむね20～30℃である。

 中温菌の発育可能温度は、おおむね10～45℃である。最もよく増殖できる温度帯は、おおむね30～40℃である。

 高温菌が最もよく増殖できる温度帯は、おおむね50～60℃である。

 細菌は、増殖のために酸素を必要とするか否かで、好気性菌、通性嫌気性菌、嫌気性菌および酸素濃度が少ない環境でのみ増殖できる微好気性菌に分類される。

 細菌はおおむねpH5～9の範囲で増殖する。多くの細菌の最適pHは7～7.6である。多くの細菌は、pH4.5を下回ると増殖が抑制されるので酢漬けなどでpHを下げる。

 細菌の増殖を防ぐには、食品の塩分濃度を上げる。耐塩菌などもいるが、多くの細菌はおおむね0.9%を最適塩分濃度とする。

 食品に砂糖を添加すると、食品中の自由水が砂糖と結合して結合水に変わるため、自由水は減少し、水分活性を下げることができる。

食中毒の原因と予防

Q312 □□ 細菌性食中毒は、感染型と毒素型にわけられる。

Q313 □□ 毒素型食中毒は、細菌が生きた状態のまま付着した食品を摂取することで起こる。

Q314 □□ サルモネラ属菌は、感染型の細菌性食中毒の原因菌である。

Q315 □□ ブドウ球菌は、毒素型の細菌性食中毒の原因菌である。

Q316 □□ ボツリヌス菌は、感染型の細菌性食中毒の原因菌である。

Q317 □□ ヒスタミンは食中毒を起こす寄生虫である。

Q318 □□ 植物性自然毒は、秋に多発傾向がある。

サルモネラ属菌、腸炎ビブリオ、下痢原性大腸菌等は感染型食中毒であり、細菌が増殖または付着し、生きた状態のままの食品を摂取し、食中毒を起こす。一方、ボツリヌス菌、黄色ブドウ球菌、嘔吐型セレウス菌は毒素型の食中毒を起こす。毒素型食中毒は、食品内で細菌が産生した毒素を摂取することで起こり、菌は死滅していても発生することがある。

参照▶資料⑮

感染型食中毒は、細菌が生きた状態のまま増殖、または付着した食品を摂取することで起こる。

サルモネラ属菌による食中毒は、菌が増殖または付着した食品を摂取し、人の体内で菌が増殖したり、毒素を産生することにより起こる。

ブドウ球菌による食中毒は、食品内で細菌が増殖する際に発生する毒素が、経口的に摂取され発病する食中毒である。

ボツリヌス菌は、毒素型の細菌性食中毒の病因物質である。

ヒスタミンは食品中のヒスチジンが腐敗細菌により分解され発生する物質であり、化学性食中毒発症の原因となる。

植物性自然毒による食中毒は、天然のきのこがとれる時期と同じ9〜10月に多発が認められる。また、山菜や野草の育つ5月頃にも若干増加傾向が認められる。

Q 319 食中毒による死者は、毎年50人を超えている。
□□

Q 320 食中毒の発生は夏期が多く、冬は少ない。
□□

Q 321 細菌性食中毒は、夏期に多発する。
□□

Q 322 過去10年間では、カンピロバクターおよびノロウイルスによる食中毒が多発している。
□□

Q 323 食中毒の患者数が最も多いのは、カンピロバクターによるものである。
□□

Q 324 食中毒の発生件数が最も多い原因食品は、複合調理食品（弁当など）である。
□□

Q 325 食中毒の患者数が最も多いのは、魚介類を原因とする食中毒である。
□□

Q 326 食中毒の発生件数が最も多い施設は、飲食店である。
□□

Q 327 サルモネラ属菌が原因の食中毒は、食肉や鶏卵による発生が多い。
□□

Q 328 サルモネラ属菌による食中毒の症状は、急激な急性胃腸炎症状と高熱が特徴である。
□□

食中毒による年間死者数は、毎年おおむね20人以下である。過去20年間は0〜18人である（平成30年）。

 食中毒は年間を通して発生する。

 細菌性食中毒は5〜10月に、ウイルス性食中毒は10〜4月にかけて多発する。年間を通し食中毒発生予防に気をつけなければならない。

 過去10年間では、カンピロバクターおよびノロウイルスによる食中毒事件数が、他の原因物質と比較して多い。しかし、平成30年はアニサキスによる食中毒事件数が1位となっている。

 食中毒の患者数が最も多いのは、ノロウイルスによるものである。

 食中毒の発生件数が最も多い食品は、魚介類である。

 食中毒の患者数は、複合調理食品（弁当など）を原因とするものが最も多い。

 食中毒の発生件数が最も多い施設は、飲食店であり、2位は家庭である。

 サルモネラ属菌は、食肉（特に鶏肉）や鶏卵から検出される。通性嫌気性の無芽胞桿菌で最適発育温度は30〜37℃、熱抵抗性は弱く、60℃20分程度で死滅する。

 サルモネラ属菌による食中毒では、潜伏期間はおおむね平均12時間程度で、急激な急性胃腸炎症状と高熱が特徴である。症状消失後も糞便中に菌の排出が認められることがある。

Q 329 腸炎ビブリオが原因の食中毒は、鶏肉による発生が多い。

Q 330 腸炎ビブリオは、熱抵抗性が強い。

Q 331 腸炎ビブリオは、真水で死滅する。

Q 332 カンピロバクターによる食中毒は、潜伏期間が平均12時間程度である。

Q 333 腸管出血性大腸菌は感染力が強く、少量の菌でも感染する。

Q 334 腸管出血性大腸菌は、保菌者からの感染は起こらない。

Q 335 腸管出血性大腸菌は、ベロ毒素産生性大腸菌とも呼ばれる。

Q 336 新鮮な牛レバーであれば、生食しても腸管出血性大腸菌食中毒の危険はない。

Q 337 ウイルス性食中毒の原因となるウイルスは、食品中で増殖する。

腸炎ビブリオは海産魚介類から検出されやすい（夏場に多い）。潜伏期間は平均12時間程度で、激しい下痢が特徴である。鶏肉による発生が多いのはカンピロバクターを原因とする食中毒である。

 腸炎ビブリオは、熱抵抗性が弱い。55℃ 10分程度で死滅する。

 腸炎ビブリオは海水細菌と呼ばれ、海水中に生息している。通性嫌気性で、真水に弱く、3%塩分を好む好塩菌である。

 カンピロバクターによる食中毒は、潜伏期間が2〜7日である。風邪のような発熱、頭痛、倦怠感で始まり、その後下痢を起こす。潜伏期間が平均12時間程度であるのは、サルモネラ属菌や腸炎ビブリオによる食中毒である。

 腸管出血性大腸菌は下痢原性大腸菌（感染型）の一種である。その菌の中で食中毒の原因になることが多い菌はO-157とも呼ばれる。

 腸管出血性大腸菌による食中毒は、患者、保菌者、家畜などから感染が起きる。

 腸管出血性大腸菌はO-157で知られ、ベロ毒素産生性大腸菌とも呼ばれる。ベロ毒素は、腸管内で産生される。

 新鮮な牛レバーであっても、生食してはならない。レバーの生食用としての販売・提供は禁止されている。

 ウイルス性食中毒を起こすウイルスは、食品中では増殖しない。

Q338 ウイルス性食中毒において、最も患者数の多いのはA型肝炎ウイルスである。

Q339 ノロウイルスによる食中毒は、夏に多発する。

Q340 ノロウイルスは、人の腸管のみで増殖する。

Q341 ノロウイルスは、人から人への感染はない。

Q342 ノロウイルスは冷蔵庫内で数か月生存する。

Q343 ノロウイルスは、アルコールに対する抵抗力が強い。

Q344 ノロウイルスは、75℃ 1分の加熱で不活化する。

Q345 ノロウイルスによる食中毒予防として、石けんでの手指の洗浄は無効である。

Q346 ノロウイルスによる食中毒予防として、調理器具の煮沸消毒は有効である。

Q347 フグ中毒の原因物質は、エンテロトキシンである。

ウイルス性食中毒では、ノロウイルスによる食中毒の患者が最も多い。

ノロウイルスによる食中毒は、毎年冬季に多発している。しかし、その発生は年間を通じて報告される。

ノロウイルスは二枚貝を原因として発生するが、貝の体内では増殖せず、人の腸管のみで増殖する。

ノロウイルスは感染力が強く、人の手指を介して食品の二次汚染や、食中毒とは別に人から人への感染も多く見られる。

ノロウイルスは非常に感染力が強く、冷蔵庫内で数か月安定して生存する。

ノロウイルスは、アルコール消毒剤に対する抵抗性が強いため、消毒には次亜塩素酸ナトリウムが有効である。

ノロウイルスは、85 ～ 90℃ 90秒以上の加熱で不活化する。

ノロウイルス食中毒予防として、石けんでの手指の洗浄は有効である。石けんでの洗浄は、ノロウイルスを失活させることはできないが、洗い落としてウイルスの数を減らすことに有効である。

ノロウイルス食中毒予防として、調理器具の煮沸消毒は有効である。また、調理器具の塩素消毒も有効である。

フグ中毒の原因物質はテトロドトキシンである。フグ以外からも本毒物は認められる。

Q 348 麻痺性貝毒による症状は、フグ中毒に似ている。
☐☐

Q 349 シガテラ中毒は、通常食用としている魚類では起こらない。
☐☐

Q 350 じゃが芋の芽の有毒成分は、ソラニンである。
☐☐

Q 351 青梅の有毒成分は、アコニチンである。
☐☐

Q 352 トリカブトの有毒成分は、シクトキシンである。
☐☐

Q 353 肝吸虫は、ホタルイカから感染する。
☐☐

Q 354 クドアは、ヒラメから感染する。
☐☐

Q 355 アニサキスは、川魚から感染する。
☐☐

Q 356 トキソプラズマは、海産魚から感染する。
☐☐

麻痺性貝毒は、ホタテガイやムラサキイガイ等の
ほぼ全種の二枚貝によって起こる中毒で、症状は
フグ中毒に似ており、重症時は12時間程度で死
亡する。

 シガテラ中毒は、通常食用としている魚類でも起
こる。原因となる魚はおもにバラフエダイ、イッ
テンフエダイ、バラハタが知られているが、イシ
ガキダイ、ヒラマサ、カンパチなどでも認められ
ている。

 じゃが芋には、芽や皮の緑色部、未熟のじゃが芋
などに、ソラニンやチャコニンという有毒成分が
ある。

 青梅の有毒成分は、アミグダリンである。未熟な
青梅の仁に、有毒成分のアミグダリンがあり、嘔
吐やけいれん、消化不良の症状を起こす。アコニ
チンはトリカブトの有毒成分である。

 トリカブトの有毒成分は、アコニチンである。シ
クトキシンは毒ゼリの有毒成分である。

 肝吸虫は、コイ科の魚類から感染する。ホタルイ
カには旋尾線虫の寄生が認められ、加熱処理や冷
凍処理がすすめられている。

 クドアは、ヒラメから感染が認められる。

 アニサキスは、海産魚（サケ、マス、タラ、ニシン、
サバ、スルメイカ）に寄生し、感染する。中でも
サバなどを介した感染が多く報告されている。

 トキソプラズマは、おもに豚肉から感染する。

食品の表示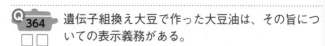

Q 357 消費期限は年月日で示される。
☐☐

Q 358 消費期限は、比較的長く保存できる食品を対象とする。
☐☐

Q 359 賞味期限は、比較的早く消費すべき食品に表示する。
☐☐

Q 360 期限表示は、開封後は無効となる。
☐☐

Q 361 大豆は遺伝子組換え食品の対象になっている。
☐☐

Q 362 遺伝子組換え食品を使用した場合の表示は、任意である。
☐☐

Q 363 遺伝子組換え大豆で作ったしょうゆは、その旨についての表示義務がある。
☐☐

Q 364 遺伝子組換え大豆で作った大豆油は、その旨についての表示義務がある。
☐☐

期限表示には消費期限と賞味期限がある。賞味期限の表示は、製造日から賞味期限までの期間が3か月を超えるものについては、年月の表示でもよい。

参照 ▶ 資料 ⑯

 消費期限は、品質が変化しやすいため早く消費すべき食品に表示する。おおむね5日以内に消費する食品を対象とする。

 賞味期限は、品質の変化がゆるやかな食品で、比較的長く保存できる食品に表示する。

 期限表示は、保存条件を守り、開封前の条件でのみ有効である。

 遺伝子組換え食品の対象になっている食品は、大豆、とうもろこし、ばれいしょ（じゃが芋）、なたね、綿実、アルファルファおよび甜菜、パパイヤの8作物とその加工食品である。

 遺伝子組換え食品を使用した場合、それを示す表示は義務である。

 しょうゆは、遺伝子組換え食品を使用していても表示義務がない。遺伝子組換え食品を使用したか否かの検査がむずかしく、組換え遺伝子やたんぱく質が製品から除去されていることから、表示しなくてもよいことになっている。

 大豆油についても、遺伝子組換え食品に関する表示の義務はない。その他、コーンフレーク、マッシュポテトなども表示義務がない。

Q 365 □□ 遺伝子組換え大豆で作った豆腐は、その旨についての表示義務がある。

Q 366 □□ 遺伝子組換え食品を使用していない場合に、「遺伝子組換えではない」の表示はできない。

Q 367 □□ 落花生は、アレルギー物質を含む食品として、表示が義務づけられている。

Q 368 □□ カニは、アレルギー物質を含む食品として、表示が義務づけられている。

Q 369 □□ イクラは、アレルギー物質を含む食品として、表示が義務づけられている。

Q 370 □□ 山芋は、アレルギー物質を含む食品として、表示が奨励されている。

Q 371 □□ 大豆は、アレルギー物質を含む食品として、表示が義務づけられている。

遺伝子組換え食品を使用して加工した食品には、一部（油、しょうゆなど）を除き、表示が義務づけられている。

遺伝子組換え食品を使用していない場合に、「遺伝子組換えではない」の表示はできる。しかし、現在、遺伝子組換え食品の対象となっていない食品については、「遺伝子組換えではない」との表示はできない。

アレルギー物質を含む食品の表示は、表示が義務づけられているもの7品目と、表示が奨励されているもの21品目とがある。表示義務のある食品は特にアレルギーを起こしやすい食品であり、特定原材料とされる。落花生は、特定原材料である。

アレルギー特定原材料として表示が義務づけられているものは、卵、乳、小麦、そば、落花生（ピーナッツ）、エビ、カニの7品目である。

イクラは、アレルギー表示が奨励されている食品（21品目）に含まれる。

山芋は、アレルギー表示が奨励されている食品（21品目）に含まれる。

大豆は、アレルギー物質を含む食品として表示の義務はなく、表示が奨励されている食品である。表示が奨励されている食品は以下の21品目。アーモンド、あわび、イカ、イクラ、オレンジ、キウイフルーツ、牛肉、くるみ、サケ、サバ、大豆、鶏肉、豚肉、まつたけ、桃、山芋、りんご、ゼラチン、バナナ、カシューナッツ、ごま。アーモンドは2019年9月に追加された。

資料コーナー

図表やイラストで理解を
深めましょう！
クイズを解く前に
前もって目を通しておくのも手。
クイズが断然解きやすくなります♪

◆ 資料① -1　年中行事と食 ……………………………… 2級

	行事	日付	食
1月	正月	1日〜7日	おせち料理　雑煮　お屠蘇
	人日の節句	7日	七草がゆ
	鏡開き	11日	鏡もちを入れたおしるこ
	小正月	15日	あずきがゆ
2月	節分	2日か3日	福豆　恵方巻き
	初午	最初の午の日	いなりずし　しもつかれ
3月	上巳 (桃) の節句	3日	ちらしずし　ハマグリのお吸い物　白酒　菱もち　ひなあられ
	彼岸の中日	18日頃 (春分の日)	ぼたもち
4月	花祭り	8日	甘茶
	花見	桜の頃	花見団子
5月	端午の節句	5日	柏もち　ちまき
6月	夏至	21日頃	タコ (関西地方)
7月	七夕の節句	7日	そうめん
	お盆	15日	精進料理　白玉団子　そうめん　型菓子
	土用の丑の日		ウナギ　土用もち　土用シジミ　土用卵
8月	お盆 (月遅れ)	13〜15日	精進料理　白玉団子　そうめん　型菓子
9月	重陽の節句	9日	菊酒　栗ごはん
	十五夜	旧暦8月15日	月見団子　里芋
	彼岸の中日	20日頃 (秋分の日)	おはぎ
10月	十三夜	旧暦9月13日	月見団子　栗ごはん　枝豆
11月	七五三	15日	千歳あめ
12月	冬至	22日頃	かぼちゃ　あずきがゆ
	大晦日	31日	年越しそば

◆ 資料① -2　時代に見るおもな食の歴史　3級

時代	食にかかわること	食事の内容（例）
縄文	狩猟・採集・漁猟・農耕生活　土器による煮炊き　たたき石、石おの	野草、木の芽、貝類、魚の干物、栗・くるみ・どんぐりなどの木の実、鹿、うさぎ、いのししなどの獣肉
弥生 1世紀〜	焼き畑、稲作の伝来玉じゃくし、ざる	魚の干物・木の実が主体　ハマグリのうしお汁、アユの塩焼き、じねんじょの煮物、カワハギの干物、のびる、くるみ、桃、まくわうり、もち、玄米のおこわ
古墳・飛鳥 3世紀〜	かまどの設備牛、馬、鶏の飼育乳製品　仏教伝来	米、そば、大麦、小麦、ひえ、そら豆、えんどう、梅、柿、大豆、あずき、大根、さんしょうの実、酒
奈良 8世紀〜	主食、副食といった食文化の原型が定着獣肉食禁止	アユ、カツオ、マグロなどの魚類、野鳥、ごま、ささげ、かゆ、干し飯、あわのもち、きびのもち
平安 8世紀〜	副食の調理法多様化大陸から臼が伝わる	とりの焼き物、しいたけの煮物、蒸しアワビ、海藻、魚のなます、汁物、かぶのあつもの、穀類の粉食、玄米のおこわ、わさび、たで、からし、みそ漬け、粕漬け
鎌倉 12世紀〜	仏教の普及、民間に精進料理　武家の簡素な食生活広まる	イワシのまる干し、梅干し、かぶの酢の物、里芋とわかめのみそ汁、納豆、豆腐、そうめん、ところてん、みかん、玄米のおこわ（貴族は白米を常食）
室町 14世紀〜	料理の流派生まれる本膳料理1日3回の食事	まんじゅう、ようかん、うどん、カツオ節、みそ、湯葉、刺し身、ウナギのかば焼き、かまぼこ、おこわ（武士）、かたがゆ（庶民）、砂糖輸入増加
安土・桃山 16世紀〜	南蛮料理の伝来茶道の発達　懐石料理牛馬の耕作利用	かぼちゃ、すいか、ういろう、さつま芋、天ぷら、ぶどう酒、カステラ、こんぺい糖、ボーロ、パンなど、卵や砂糖、油による料理が伝来、たたきごぼう、すし
江戸 17世紀〜	鎖国料理店ができる料理書の出版と普及和菓子発達	里芋とごぼうなどの煮物、豆腐、卵、魚、みそ汁、納豆、漬物、白米、麦飯、さつま芋の調理法の発達　外食文化が生まれ、にぎりずしやそばが盛んになる
明治 19世紀〜	文明開化パン屋、コーヒー店、ビヤホールなど開店	みそいため、たくあん、野菜のみそ汁、白米、にんじんと大根などの煮物、麦飯、カレー、ビフテキ　牛乳、ビールも飲まれるようになる
大正 20世紀〜	洋食の普及箱膳からちゃぶ台へ缶詰隆盛　遠洋漁業発達	コロッケやカツレツ、サラダの普及、りんご、バナナ、トマト、セロリ、チーズ、ソーセージが食卓に
昭和 20世紀〜	戦時中の食料不足学校給食戦後は食料輸入の増加和、洋、中華とさまざまな食事が普及	戦時中は野菜、芋、豆、漬物、ごはん、麦飯が中心戦後はコーンスープ、ハンバーグ、スパゲティ、ポテトサラダ、プディング、パンなども普及インスタントめん、スナック菓子、清涼飲料などの多様化
平成 20世紀〜 21世紀	外食・中食産業の発達自然食品、健康食品のブーム	冷凍食品、レトルト食品などの加工食品の多様化産直食品の取り寄せ、有機・無農薬栽培の野菜の普及

◆ 資料③ -1　箸の持ち方・マナー　　3級 2級

●箱の持ち方

①持ち上げる。

②左手で箸を支える。次に右手を
4 ～ 5cm右にすべらせる。

③右手親指以外の指先を
向こう側下にまわす。

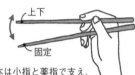

④下箸1本は小指と薬指で支え、
上箸1本を親指と中指と人差し
指で鉛筆のように持つ。

●好ましくない箸の使い方例

迷い箸	箸を宙に浮かせて、あれこれ迷う。
探り箸	器の下に盛ってあるものを探るようにして取る。
涙箸	箸の先から、つまんだ食べ物の汁をぽたぽたと垂らしながら口に運ぶ。
刺し箸	フォークのように料理を刺して取る。
寄せ箸	箸を使って、料理の入った器を自分のほうに引き寄せる。
渡し箸	茶わんの上に、箸を渡すように置く。

◆ 資料③ -2　器の持ち方　　3級

へり

胴

糸底

へりに親指をかけて
糸底を4本の指で
支えて！

◆ 資料④-1　日本料理の盛りつけ ·················· 3級

　盛りつけの仕方は、料理の種類や、主食か主菜か副菜かなどによって異なる。おもな料理の盛りつけ方の特徴を覚えよう。

ごはん

こんもりと山型に盛る。飯を器の端などにつけたままにしないように注意する。

汁物

八分目に盛りつけ、ねぎなどの薬味や、七味とうがらしなどの吸い口を最後に盛りつける。

主菜

料理は皿の中央に盛りつける。つけ合わせは、右手前に置く。

副菜

小高く盛る。最初の1回目は多めに取って盛り、2回目は最初よりも少なく、上にそっとのせる。器の縁に料理をつけないようにする。

天盛り

あえ物、酢の物、浸し物を盛りつけた一番上に少量置くものをいう。しょうがや削りガツオ、ゆずの皮や木の芽など。

◆ 資料④ -2　魚の盛りつけ ……………………………… 2魚

　魚料理の作り方には、「表から焼く」「裏から包丁を入れる」など、表と裏という言葉がよく使われる。魚の表とは、盛りつけで上にする側である。魚の形状により表の形が異なる。

● 姿の魚

　アジやイワシなどを姿のまま調理するときは、頭が左、腹が手前になる側が表である。ただし、カレイは頭を右にした状態を表とする。

姿の魚の盛りつけ

カレイは頭が右ね

● 切り身魚

　魚の種類や、表身（姿の魚の表側の面）と裏身の切り身などで形状がさまざまであり、姿の魚ほど厳密な決まりはないが、一部皮つきの場合（サケ、ブリなど）は皮目を向こう側にする。切り身の厚みが違うもの（サバなど）は、背の厚みを左または向こう側にする。片面がすべて皮つきの切り身（アジの三枚おろしなど）は、皮目を表にするが、料理によっては（骨切りしたアイナメやハモなど）、身を表にしてもよい。形に特徴がない場合、焼き物であれば先に焼いたきれいな面を表にする。

● 開いた魚

　かば焼きにするサンマやイワシや、身を開いた干物などは、身側を表にする。

一部皮つきの切り身の盛りつけ

このような形（裏身）の切り身は
腹側を左右逆に盛ってもよい。

厚みの違う切り身の盛りつけ

背が向こう側　　　　　背が左

開いた魚の盛りつけ

◆ 資料⑤　日本料理の配膳・洋風料理の配膳 ·········· 3級

●日本料理の配膳

　日本料理では、右手に箸を持ち、左手に食器を持つことが、盛りつけや配膳の基本になっている。日常の食事では、飯茶わんを左に、汁わんを右に置く。手に持って食べることの多い煮物や酢の物の器は左奥や中央、焼き物の器は手に持たないので、右奥に置く。

●洋風料理の配膳

　会食の形式では前菜、スープ、魚・肉料理、デザートの順に供される。ナイフとフォークは初めから必要なものが全部並べられていて、外側から順次使い、食べ終わったら皿とともに下げられることが多い。

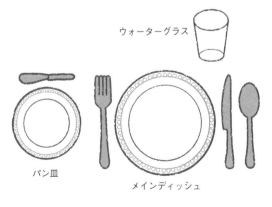

ウォーターグラス

パン皿

メインディッシュ

◆ 資料⑥ 食事バランスガイド 3級 2級

【概要】

「食事バランスガイド」は、望ましい食生活についてのメッセージを示した「食生活指針」を具体的な行動に結びつけるものとして、1日に「何を」「どれだけ」食べたらよいかの目安をわかりやすくイラストで示したものである。厚生労働省と農林水産省の共同により2005（平成17）年6月に策定された。

● 日本で古くから親しまれている「コマ」をイメージして描き、食事のバランスが悪くなると倒れてしまうということ、回転（運動）することによって初めて安定するということを表している。水・お茶といった水分を軸に見立て、食事の中で欠かせない存在であることも強調している。

● コマの中では、1日分の料理・食品の例を示している（このイラストの料理例を合わせると、おおよそ2200kcal）。単位「1つ（SV）」のSVはサービングの略であり、各料理の1回あたりの標準量を示している。食事区分は、コマの上から多くとりたい順に示されている。重点ターゲット層は、子育てを担う世代、肥満の多い30〜60歳代の男性、そして単身者である。

◆ 資料⑦　ミネラルの働き

種類	働き	欠乏症
カルシウム (Ca)	骨、歯の成分、神経調節、心筋の収縮作用を増す	骨粗鬆症、神経過敏
リン (P)	骨、歯、エネルギー代謝に関与	骨、歯がもろくなる
マグネシウム (Mg)	神経の調節、酵素の活性化、骨の石灰化	神経が興奮しやすくなる、骨形成の異常
ナトリウム (Na)	体液の浸透圧、体内の物質輸送を調節	食欲不振 (とりすぎると高血圧症に)
カリウム (K)	体液の浸透圧、筋肉の機能を調節	筋力低下、知覚がにぶり反射低下
鉄 (Fe)	赤血球の成分、酸素の運搬	鉄欠乏性貧血
亜鉛 (Zn)	酵素の成分、味蕾細胞の成分	成長障害、皮疹、味覚障害
ヨウ素 (I)	甲状腺ホルモンの成分	甲状腺肥大、甲状腺機能低下

◆ 資料⑧　ビタミンの働き

	種類	働き	欠乏症
脂溶性ビタミン	ビタミンA	成長促進、視力維持、粘膜の保護	夜盲症、眼球乾燥症、感染症
	ビタミンD	カルシウムとリンの吸収促進、骨の形成	くる病、骨軟化症
	ビタミンE	体内過酸化の抑制、細胞膜の機能保持	新生児溶血性貧血
	ビタミンK	血液凝固因子の形成	血液凝固遅延、乳児頭蓋内出血
水溶性ビタミン	ビタミンB₁	糖質代謝に関与、神経機能の調整	脚気、多発性神経炎
	ビタミンB₂	成長促進、エネルギー代謝に関与	口角炎、口唇炎、皮膚炎、成長停止
	ビタミンB₆	血液凝固、皮膚・髪・歯の形成に関与	皮膚炎、貧血、けいれん (動物)
	ビタミンB₁₂	赤血球の形成に関与	悪性貧血、神経疾患、疲労感
	ナイアシン	栄養素の代謝に関与	ペラグラ、皮膚炎、下痢、神経症状
	葉酸	抗貧血作用、核酸合成	巨赤芽球性貧血、神経管の発育不全 (胎児)、認知症
	パントテン酸	炭水化物や脂質の代謝に関与	成長停止、めまい、副腎障害
	ビタミンC	抗酸化作用 (体内の活性酸素を取り除く)、免疫機能強化	皮下出血、成長不全、壊血病
	ビオチン	ブドウ糖や脂肪酸合成、エネルギー代謝	皮膚炎、萎縮性舌炎、食欲不振

◆ 資料⑨ おもな食品群 ....

●三色食品群

赤 群	血や肉を作るもの	たんぱく質 脂質 ビタミンB群 カルシウム	魚・肉・豆類・乳・卵・海藻
黄 群	力や体温となるもの	炭水化物 ビタミンA・D ビタミンB1 脂質	穀物・砂糖・油脂・芋類
緑 群	体の調子をよくするもの	カロテン ビタミンC カルシウム ヨード	緑黄色野菜・淡色野菜・きのこ

●六つの基礎食品群

第1群	骨や筋肉等を作る エネルギー源となる	たんぱく質	魚・肉・卵・大豆・大豆製品
第2群	骨・歯を作る 体の各機能を調節	無機質	牛乳・乳製品・海藻・小魚類
第3群	皮膚や粘膜の保護 体の各機能を調節	カロテン	緑黄色野菜
第4群	体の各機能を調節	ビタミンC	淡色野菜・果物
第5群	エネルギー源となる 体の各機能を調節	炭水化物	穀類・芋類・砂糖
第6群	エネルギー源となる	脂肪	油脂

● 4つの食品群　1日20点（1600kcal）の基本パターン

♠第1群	栄養を完全にする	良質たんぱく質 脂質 ビタミンA ビタミンB1 ビタミンB2 カルシウム	乳・乳製品…2点 卵……………1点
♥第2群	肉や血を作る	良質たんぱく質 脂質 カルシウム ビタミンA ビタミンB2	魚介・肉……2点 豆・豆製品…1点
♣第3群	体の調子をよくする	ビタミンA カロテン ビタミンC ミネラル 食物繊維	野菜[2)]………1点 芋……………1点 果物…………1点
♦第4群	力や体温となる	炭水化物 たんぱく質 脂質	穀類…………9点 油脂………1.5点 砂糖………0.5点

（注）
1）各食品群のトランプマーク
　　第1群—完全な栄養のそろった食品の意味で切り札の♠（スペード）
　　第2群—生命・活力のもとになる食品の意味で♥（ハート）
　　第3群—植物の意味で♣（クラブ）
　　第4群—大切なエネルギー源で余分は非常時用に蓄える財産の意味で♦（ダイヤ）
2）緑黄色野菜・淡色野菜・きのこ類・海草類を含む。

◆ 資料⑩ -1　四群点数法の基本 ·················· 3級 2級

● 4つの食品群の基本的な考え方

　人に必要な栄養素は、エネルギーとして働く熱量素と、体を作ったり代謝を調節したりする栄養素別に大別することができる。エネルギー産生栄養素としてはおもに炭水化物と脂質が大きく寄与し、エネルギー産生栄養素以外の栄養素としてはミネラル、ビタミンが寄与する。たんぱく質はどちらにも含まれる。食物繊維、機能性成分は非栄養素であるが、人体に必要な成分である。4つの食品群のうち、第1群、第2群、第3群からはおもにたんぱく質、ミネラル、ビタミンを、第4群からはエネルギーを摂取することができる。

● 四群点数法の法則

[第1の法則]

食品に含まれるエネルギー80kcalを1点としてカウントする。

　四群点数法では、1点あたりの重量を1点実用値という。これは、全卵1個55g、アジ中1尾65g、じゃが芋1個110gなど、1回に摂取する量が80kcal相当のものが多いことから決められた。各食品の1点実用値は資料⑩-4参照。<u>1日にエネルギーを1600kcal摂取する場合、点数に換算すると20点となる。</u>

[第2の法則]

第1群から第3群までを「3・3・3（サン・サン・サン）」とする。

　1日の摂取エネルギー量が1600kcal＝20点の場合、第1群を3点（乳・乳製品2点、卵1点）、第2群を3点（魚介・肉2点、豆・豆製品1点）、第3群を3点（野菜1点、芋1点、果物1点）必ず摂取することにより、1日に必要なたんぱく質、ビタミン、ミネラル、食物繊維を摂取することができる。第4群は、1日の合計点数から「3・3・3」の9点を差し引いた11点（穀類9点、油脂1.5点、砂糖0.5点）を摂取することとなるが、第4群については、体重の変動によって点数を調整する。つまり、<u>エネルギー摂取量は第4群でコントロールする。</u>

1～3群は
必ず3点ずつ!!

● 1日にこれだけ食べよう（1日20点の目安量）

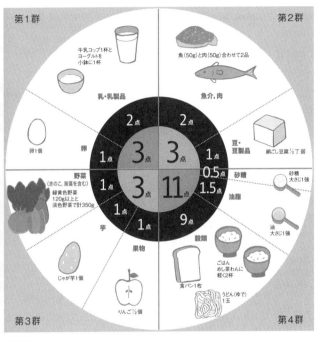

第1群

牛乳コップ1杯と
ヨーグルトを
小鉢に1杯

乳・乳製品

卵1個

野菜
（きのこ、海藻を含む）

緑黄色野菜
120g以上と
淡色野菜で計350g

芋

じゃが芋1個

第2群

魚（50g）と肉（50g）合わせて2品

豆・豆製品　　絹ごし豆腐½丁📦

砂糖　　砂糖
大さじ1強

油脂　　油
大さじ1強

穀類

ごはん
めし茶わんに
軽く2杯

食パン1枚

うどん（ゆで）
1玉

果物

りんご½個

2点　2点

1点　3点　3点　1点　豆・豆製品

3点　11点　0.5点　砂糖

1点　1.5点　油脂

1点　9点

第3群　　第4群

解説

● 四群点数法では、1日の摂取エネルギー 1600キロカロリー（20点）を基本として、4つの食品群の点数を3・3・3・11と配点して考える。第1群〜第3群を3点ずつとることによって、日本人の食事摂取基準（2020年版）18〜49歳の身体活動レベルⅠ〜Ⅱの女性が必要とする栄養素をほぼ充たすことが検証されている。

● 日本人の食事摂取基準（2020年版）では、18〜29歳女性・身体活動レベルⅠの推定エネルギー必要量が1700kcalとされており、これは、四群点数法の基本となる20点に比較的近い対象者となる。つまり1日20点は、活動量の少ない成人女性でも必ずとるべき量である。

● 身体活動レベルの高い人や成人男性など、エネルギー必要量が高く、総点数の多い人の場合には、各食品群の点数をさらに増やすことが可能である。例えば、第4群の穀類を増やしたり、第2群の肉や魚を増やしたりして調節する。

◆ 資料⑩ -2　4つの食品群の食品構成 (18〜29歳) … 3級 2級

● 4つの食品群の18〜29歳女性の身体活動レベル別食品構成 (参考表)

(1人1日あたりの重量＝g)

食品群	第1群		第2群		第3群			第4群		
	乳・乳製品	卵	魚介・肉	豆・豆製品	野菜	芋	果物	穀類	油脂	砂糖
身体活動レベルⅠ	250	50	100	80	350	100	200	220	15	10
身体活動レベルⅡ	250	50	120	80	350	100	200	290	15	10
身体活動レベルⅢ	300	50	150	80	350	100	200	360	20	10

(香川明夫監修)

◆ 資料⑩ -3　4つの食品群の点数構成 (18〜29歳) ……… 3級

● 4つの食品群の18〜29歳女性の身体活動レベル別点数構成 (参考表)

(1人1日あたりの点数　1点＝80kcal)

食品群	第1群		第2群		第3群			第4群			合計
	乳・乳製品	卵	魚介・肉	豆・豆製品	野菜	芋	果物	穀類	油脂	砂糖	
身体活動レベルⅠ	2.0	1.0	2.0	1.0	1.0	1.0	1.0	9.5	1.5	0.5	20.5
身体活動レベルⅡ	2.0	1.0	2.5	1.0	1.0	1.0	1.0	12.5	1.5	0.5	24.0
身体活動レベルⅢ	2.5	1.0	3.0	1.0	1.0	1.0	1.0	15.5	2.0	0.5	28.5

(香川明夫監修)

(注)

1) 野菜はきのこ、海藻を含む。また、野菜の1/3以上は緑黄色野菜でとることとする。

2) エネルギー量は、「日本人の食事摂取基準 (2020年版)」の参考表・推定エネルギー必要量の93〜97%の割合で構成してある。各人の必要に応じて適宜調整すること。

3) 食品構成は「日本食品標準成分表2015年版 (七訂)」で計算。

解説 (資料⑩-2) (資料⑩-3)

四群点数法を献立作成や食事評価に広く活用するために、年齢別・性別・身体活動レベル別に食品構成と点数構成が示されている。本書では、一例として18〜29歳女性の身体活動レベル別の食品構成と点数構成を示した。すべての年齢別・性別・身体活動レベル別の値は、『七訂食品成分表2020』(女子栄養大学出版部) p.78〜79に掲載。

食品名	概量	正味重量	食品名	概量	正味重量
第1群 普通牛乳	コップ小1杯	120g	プロセスチーズ	1切れ	24g
脱脂粉乳	大さじ4杯弱	22g	鶏卵	1個	55g
カテージチーズ		75g	うずらの卵水煮缶詰	5～6個	45g
第2群 スルメイカ		95g	豚もも肉(脂身つき)		45g
マダイ(天然)	1切れ	55g	若鶏もも肉(皮つき)		40g
マアジ	小1尾	65g	牛ヒレ輸入肉		60g
マサバ	小1切れ	30g	ロースハム		40g
マダコ(ゆで)		80g	ウインナソーセージ	2本弱	25g
シラス干し半乾燥品		40g	大豆(ゆで)		45g
ズワイガニ水煮缶詰		110g	豆腐(もめん)	⅓丁	110g
ホタテガイ水煮缶詰	5個程度	85g	豆腐(絹ごし)	½丁	140g
蒸しかまぼこ		85g	納豆	小1パック	40g
第3群 ほうれん草	2束	400g	れんこん	小1節	120g
にんじん(皮むき)	小2本	220g	さつま芋(皮むき)	⅓本	60g
グリーンアスパラガス	20～30本	360g	じゃが芋	1個	110g
トマト	2～3個	420g	長芋		120g
きゅうり	5～7本	570g	いちご	15～22粒	240g
なす	5～6本	360g	バナナ	小1本	95g
レタス	1～2個	670g	温州みかん	大2個	170g
大根(皮むき)		440g	メロン(温室)	⅙個	190g
ごぼう	1～2本	120g	りんご(皮むき)	½個	140g
里芋(皮むき)	3～4個	140g	トマトジュース	2カップ	470g
第4群 米 小麦粉 白玉粉		22g	砂糖	大さじ2と⅓杯強	21g
ごはん	茶わんに軽く½杯	50g	ようかん	1切れ	27g
ゆでうどん	約⅓玉	75g	大福もち	½個	35g
マカロニスパゲティ(乾)		21g	しょうゆせんべい	2～4枚	21g
食パン(6枚切り)	½枚	30g	シュークリーム	½個	35g
そうめん(乾)		22g	チョコレート(ミルク)	3かけ	14g
油	小さじ2杯強	9g	ワイン(赤・白)	グラス1杯	110g
みそ(淡色辛みそ)	大さじ2杯強	40g	ビール(淡色)	コップ1杯	200g

◆ 資料⑪　各料理に適した分量 （1皿分の適量） ‥‥‥‥ 3級

●主食の概量とエネルギー・脂質量

	種類	重量	エネルギー（点数）	脂質量
ごはん[1]　（茶わん1杯）		120g	202kcal（2.5点）	0.4g
パン[2]	食パン4枚切り	90g	237 kcal（3点）	5.3g
	6枚切り	60g	158 kcal（2点）	2.6g
	8枚切り	45g	119 kcal（1.5点）	2.0g
	ロールパン1個	30g	95 kcal（1.2点）	2.7g
	クロワッサン1個	40g	179 kcal（2.2点）	10.7g
うどん（ゆで）　1玉		250g	263 kcal（3.3点）	1.0g
スパゲティ（乾めん）[3]1人分		80g	303 kcal（3.8点）	1.5g

（注）
1）茶わんのサイズによって1杯の飯重量が110 〜 150g程度である。
2）食パンは、種類、大きさ、厚さによって重量が違う。重量だけでなく脂質量がかなり違うことに注意する。
3）乾めんは、加熱後に重量が2 〜 2.5倍に増加する。

column

どんぶり（丼）料理

牛丼や親子丼、カレーライス、冷やし中華など、主食と主菜が複合した料理は、昼食の献立となることが多い。どんぶりやカレーライスでは、味つけとボリュームの面から、通常の茶わん1杯（110 〜 150g）のごはんより多いごはんの重量（200 〜 300g）を盛りつける。どんぶり等を含む献立は、副菜が少なくなる傾向があり、合わせる料理や、前後の食事内容に、野菜の多い副菜や汁物で補えるように、注意が必要である。

●主菜に適した分量

卵や魚・肉、大豆製品の重量は、1皿あたり50～100gであるが、かたまりか、薄切りの状態か、骨がついているかで、見た目のボリュームも違ってくる。主材料の使用量が20～30gでは、主菜としての栄養的意義や、料理としての意味が不足し、満足感が得られない場合がある。

●つけ合わせとは

主菜の中で、主となる肉や魚のたんぱく質の味を引き立てる役割。野菜や芋を主材料とする。つけ合わせは、少量の場合は、副菜とは数えないが、ボリュームの多い場合は、1つの副菜、もしくは副々菜と数える場合もある。つけ合わせの量[4]は、主菜の量と味によって加減し、5～40g程度を用意するとよい。

4) つけ合わせの量の目安：ししとう2本（約8g）、大根おろし（軽くしぼったもの）15～30g、みょうが1個（約20g）、きのこのソテー30～40g、ピーマンのソテー30～40g

●副菜に適した分量[5]

煮物、いため物	70～150g
お浸し、あえ物	50～100g
野菜のサラダ	30～50g（レタスなど生の葉物中心のサラダ）、50～100g（ブロッコリーやトマトなどを中心としたサラダ）
漬物など	10～30g程度（食塩摂取量を考えて量や頻度を決める）

5) 野菜を1日350gとるためには、副菜の野菜を1鉢70g程度にして、1日5鉢とるとよい。

●汁物に適した分量

だしなどの液体重量	150mlを基本とする。具の多い汁物では少ないだしの量となることや、食塩摂取量をおさえるため、少ない液体重量とする場合もある。
具だくさんの汁物の具	50～100g（けんちん汁、豚汁など）
みそ汁・すまし汁の具	20～50g（豆腐とわかめのみそ汁など）

◆ 資料⑫　1人分の料理に使われる食品の目安量 …… 3級

		10g 以下	10～30g	30～50g
1群	乳	チーズ（スパゲティなどにかける）	チーズ1切れ	コーンスープの牛乳、ミルク紅茶
	卵		かきたま汁、卵とじ、チャーハン用いり卵、茶わん蒸し、カスタードプディング	
			他の副材料と合わせる料理	
2群	魚介	カツオ節（あえ物の天盛り） 天盛りや吸い口は、季節を表したり（木の芽やゆず）、味を引き立てるもので、ご く少量です。	シラス干し（おろしあえ）	マグロの山かけ
	肉	スープ用ベーコン、ハムエッグのハム	野菜いため用、野菜のそぼろあん、五目鶏飯、いりどり、豚汁	豚肉とキャベツのいため物、が、コロッケのひき肉、シュ豚肉とピーマンせん切りいためンライス
		塩分や脂質の多い加工品	**野菜などの副材料と合わせる料理**	
	豆	油揚げ（汁の実用） 標準的な油揚げは1枚20g。みそ汁の具としては、4～6人分で1枚程度。1人分は10g以下です。主材料として使ういなりずしには、使用量がまったく違います。	豆（乾物・煮豆用）、けんちん汁の豆腐	汁の実用（豆腐）、いなりずしげ、白あえの豆腐、ポークビーンズ用乾燥豆、高野豆腐（乾物）卵とじ、豆腐とわかめのすま
3群	緑黄色野菜	汁の実用（三つ葉、青ねぎ）、パセリ（スープやムニエルの青味）、煮物の青味や彩り野菜（さやえんどう2枚）	汁の実（ほうれん草、春菊）	煮物用にんじん、にんじんのセ、ピーマンのいため物、にポタージュ、サラダ（レタスな中心）
	淡色野菜	汁の実用（きのこ、ねぎ）	汁の実（もやし、なす、竹の子）、たくあん、野菜サラダ、切り干し大根煮物	つけ合わせ（大根おろし）、汁の実（大根）、漬物（なす、かぶ、きゅうりなど）きんぴらごぼう
	芋		レタスなどの葉物中心のサラダは、100gだと丼1杯になり、食べるのもたいへんです。	汁の実用（じゃが芋）
	果物	さくらんぼ1個、干しあんず1枚	いちご1個、ブルーベリー10粒、干しぶどう大さじ1杯	オレンジゼリー（果汁）、キウイ½個、パイナップル1切
4群	穀物	ソースやスープのルー、アイスボックスクッキー（5枚分）、マドレーヌ（1個分）	蒸しパン1個、クレープ1枚、コーンフレークカップ1杯、ロールパン、サンドイッチ用パン2枚	マカロニグラタン（乾物）、食パン12枚切り1枚、フレンチトーストのパン、クロワッサン、冷やしじるこ（白玉団子）
			お菓子などの粉	
	油脂	トースト用のバター、ソテー用のバター、いため物用の油	マヨネーズ（ポテトサラダ）、天ぷらの吸油量（1皿分）	天ぷらは、素材の形によって衣の量が変わり、油の量も変わります。
	砂糖	紅茶・コーヒー用（スティック状の砂糖1本3～5g）、かぼちゃや芋の煮物の砂糖	煮豆用、ゼリー用、ドーナツ用、カスタードプディング用	おしるこ用

50〜70g	70〜100g	100〜150g	150〜200g
かんてん寄せ、ンジェ	ヨーグルト、ホワイトソース		コップ1杯の牛乳
、卵、いり卵（スクランブ ）	卵1個は約50gで、1人1個を料理に使うことが多い。覚えておくと便利！ プレーンオムレツ		
	卵1人分で使う料理		
き、スパゲティの具 イカ、エビなど）、タ、（貝殻つき）	魚のなべ照り焼き、焼き魚、サバの竜田揚げ、サケのムニエル、サバのみそ煮、刺し身	アジの煮つけ1尾、ブリ大根（骨つき）	
	切り身の魚	**骨つきの魚**	
酢豚	豚肉のしょうが焼き、カレーやシチューの肉、鶏肉のから揚げ（骨なし）、ハンバーグ、ポークソテー	ビーフステーキ	ローストチキン（骨つき1本）
		肉を中心とした主菜の料理	
腐、納豆1パック	生揚げと豚肉のみそいため、うの花いり	擬製豆腐、揚げ出し豆腐、冷ややっこ、湯豆腐、麻婆豆腐	乾物は、料理するときの状態の重量を知っていると役立ちます。例えば、豆の甘煮を作るときの乾物の重量や缶詰めの豆でサラダを作るときの加熱後の重量など
	豆製品や豆腐を中心とした料理		
ポタージュ、サラダ	青菜のお浸し、ソテー（ほうれん草など）、ピーマンのいため物、かぼちゃの煮物、サラダ（トマトやきゅうりなど）	かぼちゃの煮もの	野菜は、献立の中で副菜か、つけ合わせかの位置づけで重量が違います。野菜や芋の料理　副菜：70〜150g　副々菜：30〜50g　つけ合わせ：30g（1種類）　15g（2種類）　漬　物：10〜30g
わせ（せん切りキャベツ）、ナ（キャベツ）など、とわかめの酢の物	キャベツとハムのいため物、もやしのいため物、コールスロー、コーンスープ、せん切り野菜のスープ、なすの中国風あえ物	大根の煮物、白菜のスープ煮	
芋、マッシュポテト、 ラダ	さつま芋のレモン煮、コロッ、スイートポテト、大学芋、里芋の煮物、じゃが芋のポタージュ	じゃが芋のいため煮	みそ汁の実は、具の少ないものは20〜50gを目安にし、2〜3種類を取り合わせます。おかずになるようなたくさんの汁物では50〜100gで、豆腐や肉などのたんぱく質も入ります。
	りんごのコンポート、みかん1個	バナナ1本	
型1個）、 ら切り1枚	サンドイッチ、かけうどん用（乾めん）、スパゲティ用（乾めん）	ごはん（茶わん1杯）、ハムライス、ピラフ、炊き込みごはん、おこわ	どんぶり物やカレーライスの飯、ちらしずし、ゆでうどんやそば1玉
	乾物の穀類	**主食のごはんやめん** 普通（茶わん1杯）➡多め（どんぶりサイズ1杯）	
		主食と主菜を兼ねた料理は、昼食にとることが多く、夕食と比べると品数が少ない献立になることがあります。そのため、1品のボリュームがあることが大切です。	

●調味パーセントとは

　材料の重量に対しての調味料（おもに塩分や糖分）の割合を表したもの。ここでいう塩分、糖分とは、調味料に含まれる食塩や砂糖の量を示したものである。

$$調味パーセント（\%）= \frac{調味料の重量（g）}{材料の重量（g）} \times 100$$

　調味パーセント（右表）を覚えておけば、材料の分量が変わっても簡単に調味料の分量が割り出せるとともに、料理の味も常に一定にすることができる。

●調味パーセントの使い方

　標準の調味パーセントを覚えたら、その料理に用いる調味料の重量を計算する。計算方法は次のとおり。

$$調味料の重量（g）= 材料の重量（g） \times \frac{調味パーセント（\%）}{100}$$

　材料の重量とは、調味直前の材料重量のことで、正味重量（魚などは骨つきの場合もある）である。野菜などは皮をむいたもの、乾物はもどしたものである。煮物などに加えるだしは、でき上がりはほとんどなくなるので、だしの分量は対象外である。汁物や汁けの多い煮物は、だしの分量に対して、チャーハンはごはんの分量に対して調味パーセントを計算する。（右表の調味対象、メモ欄参照）

●塩分・糖分の換算

　調味パーセントの塩分は食塩の量で示される。みそは甘みそ（6〜8%）、辛みそ（10〜13%）、しょうゆは15%の塩分を含む。しょうゆやみそを使って材料に塩味をつけるには、塩分の換算が必要となる。また、一般に糖分（甘味）といえば砂糖であり、調味パーセントの糖分は砂糖の量で示される。みりんを使うときも塩分と同様に換算が必要となる。（下表参照）

計量スプーン	塩分量			糖分量	
	塩	しょうゆ (塩分15%)	みそ (塩分12%)	砂糖	みりん
小さじ1	6g	約1g	約0.7g	3g	約2g
大さじ1	18g	約3g	約2.1g	9g	約6g

● 一般的な料理の塩分・糖分の調味パーセント

　料理は長い経験により味のつけ方がくふうされ、一般的に好まれる「標準の味」ができ上がってきた。これを数値で表した「調味パーセント」が下表である。あくまでも標準なので、各自の好み、また材料の種類や鮮度により加減する必要がある。

料理名		調味対象	調味パーセント		メモ
			塩分	糖分	
汁物	スープ	だし	0.2～0.5		だしの味が濃い場合、塩分をうすくできる
	みそ汁	だし	0.6～0.8		
	すまし汁	だし	0.5～0.7		
	けんちん汁	だし	0.6～0.7		
焼き物	魚の塩焼き	魚	1～3		鮮度、魚の種類による
	魚のムニエル	魚	0.5～1		
	豚肉のくわ焼き	肉	1～1.5	2～3	
	ハンバーグ	材料※1	0.4～0.6		※1 全材料に対して（肉に対して0.5～0.8%）
煮物	魚の煮つけ	魚(一尾魚)	1.5～2	2～7	鮮度、魚の種類による
	サバのみそ煮	魚	1.2～2	6～8	
	里芋の煮物	芋	0.8～1.2	4～6	
	いりどり	材料※2	1～1.2	4～6	※2 材料に対して
	青菜の煮浸し	青菜	0.8	1	
	乾物の煮物	材料※3	1～1.5	4～15	※3 もどした材料に対して
ごはん	炊き込みごはん	米	1.5		
	すし飯	米	1～1.5※4	2～5	酢12% ※4 飯に対して0.6～0.8%
	チャーハン	飯	0.5～0.8		油5～8%
その他	お浸し	材料※5	0.8～1		※5 ゆでる前の材料に対して
	野菜のいため物	材料※6	0.5～1	0.5	油5～10% ※6 全材料に対して
	茶わん蒸し	卵液	0.3～0.6		
	野菜の即席漬け	材料	1.5～2		

★調味パーセントは塩分（食塩、しょうゆ、みそ）、糖分（砂糖、みりん）の他に、酢、油、かたくり粉、小麦粉、だしなどにも適用することができる。

●丸い食材の丸みを生かして切る　　※ ←→は野菜の繊維の方向を示す。
　　　　　　　　　　　　　　　　　　　----は包丁を入れる場所を示す。

輪切り

丸いものを丸い形に切る。

小口切り

長ねぎなどの細めの食材を輪切りにする。

＊木口ともいう。

半月切り

食材を縦に半分に切ってから、半月形の薄切りにする。

＊半月切りやいちょう切りは、輪切りに切ったものから作ると非常に効率が悪くなる。

いちょう切り

半月のさらに半分。いちょうの葉に似た形になる。

みじん切り

せん切りにしたあと、端から2〜3mm角に細かく刻む切り方。
玉ねぎは、ひげ根を切り落とし、半分に切って、根元と逆の端から切れ目を入れる。包丁をねかせてから横に2〜3本切れ目を入れ、端から細かく切る。

くし形切り

縦半分に切り、中心から放射状に切る。

応用

斜め薄切り

きゅうりなどを楕円形の薄切りになるよう斜めに切る。

乱切り

回転させながら断面が少しずれていくように切る。表面積が大きく、煮物などに使う。

● 角ばった形に切る

短冊切り

板状に切ったものを薄く細長く切る。
七夕の短冊に似ているのでこの名前
がついた。

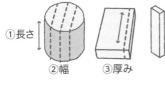

①長さ　②幅　③厚み

①～③の順に切る。

拍子木切り

短冊より厚く棒状に
切る。「火の用心」に
使う音を出す拍子木
のような形。

さいの目切り

拍子木切りをさい
ころのように立方
体に切る。

あられ切り

さいの目切りの小さい形。
一辺5mm以下の立方体。

色紙切り

拍子木切りの切り口
を薄切りにする。
寄せ書きの色紙の形。

● その他の切り方

そぎ切り

魚や鶏肉、しいたけなど平たいも
のを、包丁を斜めに傾けて表面積
が大きく薄くなるように切る。

笹がき

笹の葉の形に似ていることから
この名前がついた。鉛筆を削るよ
うに、回転させながら薄く切って
いく。ごぼうなど、細長い形の食
材に使う。

細菌性	感染型	食中毒原因菌が食品中で増殖し、その細菌が生きたまま食品とともに体内に入り発病する。 ＊食品を摂取するとき、原因となる細菌が調理の加熱などにより死滅していれば、食中毒は発生しない。 サルモネラ属菌、腸炎ビブリオ、カンピロバクター、腸管出血性大腸菌など
	毒素型	食品内で食中毒原因菌が増殖するとき、食品内に産生された毒素が、食品に含まれた状態で摂取され発病する。 ＊食品を摂取するとき、原因となる細菌が調理などの加熱で死滅していても、原因となる毒素が壊れていなければ発病する。 原因となる毒素が熱に強い：ブドウ球菌、嘔吐型セレウス菌 原因となる毒素が熱に弱い：ボツリヌス菌
ウイルス性		ノロウイルス、A型肝炎ウイルス、E型肝炎ウイルスなど
化学性		ヒスタミン、酸敗油脂など ＊ヒスタミンによる食中毒は、アレルギー様食中毒といわれることもある。厚生労働省の食中毒統計ではヒスタミンを原因とする食中毒は化学性食中毒に分類されている。
自然毒	動物性	フグ、貝毒など
	植物性	毒きのこ、毒草など
寄生虫		クドア、サルコシスティス、アニサキスなど

◆ 資料⑯　食品の期限表示 ·· 3級 2級

● 期限表示

消費期限

品質が変化しやすいため早く消費すべき食品に表示。
おおむね5日以内に消費する食品を対象としている。

賞味期限

品質の変化がゆるやかな食品で、比較的長く保存できる食品を対象
としている。賞味期限が過ぎても必ずしもすぐに食べられなくなるわ
けではない。

● 食品の流通保存の期間においての表示の方法

* 期限表示は、規定されている保存方法を守ることによって有効であり、開封後は無効
となる。

* 保存方法については、期限表示の近辺に合わせて記載することとなっている。
常温保存の場合は記載を省略できる。

217

●消費者庁による表示マーク

特別用途食品マーク

消費者庁長官の許可または承認を受けた特別用途食品につけられるマーク。区分欄には、「幼児用食品」、「妊産婦用食品」、その他のものは特別の用途を記載する。

特定保健用食品マーク

消費者庁長官の許可または承認を受けた特別用途食品のうち特定保健用食品につけられるマーク。「許可」の文字は輸入品の場合「承認」となる。一般に特定保健用食品は「トクホ」と呼ばれている。

●農林水産省による表示マーク

JASマーク

品位、成分、性能等の品質について一定の規格基準に合格したときに表示されるマーク。一般JASマーク、特定JASマーク、有機JASマークなどがある。

有機JASマーク

特定JAS規格のうちの1つ。化学的に合成された肥料や農薬を原則として使用しない農産物やそれを原料として加工された農産加工食品のマーク。

●公正取引協議会のマーク

公正マーク

全国飲用牛乳公正取引協議会の規約によって適正表示基準に合った牛乳, 加工乳, 乳飲料などに表示されるマーク。

●資源有効利用促進法による識別マーク

資源有効利用促進法により事業者に表示が義務づけられており、飲料用ペットボトル、プラスチック製容器包装、紙製容器包装などについて、表示マーク（識別マーク）が定められている。

プラマーク

プラスチック製のものに表示されるマーク。

PETマーク

ペット（PET）ボトルに表示されるマーク。

資料コーナー出典

香川明夫監修『家庭料理技能検定公式ガイド1級・準1級・2級 筆記試験編』, 女子栄養大学出版部

香川明夫監修『家庭料理技能検定公式ガイド3級』, 女子栄養大学出版部

香川明夫監修『家庭料理技能検定公式ガイド4級』, 女子栄養大学出版部

香川明夫監修『七訂 食品成分表2020』2020年, 女子栄養大学出版部

厚生労働省HP, 文部科学省HP, 農林水産省HP, 消費者庁HP

料検とは
（家庭料理技能検定）

　"料検"こと家庭料理技能検定は、家族の健康管理に大切な家庭料理に栄養学と料理学を組み合わせた実践的な技術を認定する資格です。（文部科学省後援事業）

　食生活に関する正しい知識を持つことはもちろんのこと、包丁を手にし、味がよく、見た目にも美しく、栄養バランスのよい料理が作れるようになり、日常で実践されることが健康にもつながっていきます。

　健康を得ることは、生きがいのある豊かな人生を送るための基本となります。当検定の受験をきっかけに、食生活の充実と健康の維持・増進を目指してみませんか。

🍎 一次試験（筆記）と二次試験（実技）があります。

　一次試験に合格された方が二次試験を受験することができます。両方に合格すると、その級の合格となります。一次試験（筆記）は、５級〜１級に分けられます。５級と４級については、一次試験（筆記）のみで合否が決まります。二次試験はありませんが、次代を担う小学生や中学生に日本の食文化の理解、食事の大切さ、作り方など、まずは食に興味を持ってもらうことを目的としています。

🍎 二次試験（実技）は、３級から一次試験（筆記）合格者が受験できます。

　難易度によって３級〜１級に分けられています。自分の目標を定めて、栄養と調理の基礎をしっかりと学び、それぞれの程度に応じてさらに知識と技術を深め、受験してみてください。

　自宅でいつも料理をしている自分の調理技術が何級程度であるかを試してみるのもよいでしょう。だれでも気軽にチャレンジすることができる検定です。

料検のメリット

メリット **1**

料理が "好き" の力を
試すことができます。

メリット **2**

5級〜3級は、小学校から
高校の家庭科で学習した
内容の理解度を客観的に
証明できます。

メリット **3**

自分の健康を作る
知識に加えて、
おいしい料理を作る知識と
技術が身につきます。

メリット **4**

日本の食文化や栄養、
食品、調理についてなど、
食への興味や関心が深まり、
健康的な生活に役立ちます。

メリット **5**

進学や就職活動の際に
調査書や履歴書に記入することで、
自己アピールにつながります。

編集協力 ● 株式会社ビーケイシー
デザイン・DTP ● 株式会社ビードット
資料コーナー協力 ● 横田洋子

家庭料理技能検定公式サイト　https://www.ryouken.jp

ポケット版 家庭料理クイズ
2020 年 7 月 1 日　初版第 1 刷発行

監修 ● 香川明夫

編 ● 家庭料理技能検定専門委員会

協力 ● 児玉ひろみ・豊満美峰子・廣末トシ子・松田早苗
(五十音順)

発行者 ● 香川明夫

発行所 ● 女子栄養大学出版部
〒 170-8481　東京都豊島区駒込 3-24-3
TEL 03-3918-5411(販売)　03-3918-5301(編集)
ホームページ　https://eiyo21.com/
振替　00160-3-84647

印刷・製本 ● 株式会社ビードット

ISBN978-4-7895-6020-7
© Kagawa Education Institute of Nutrition 2020,Printed in Japan